BASTELN MIT HOLZ, KORK, DRAHT

NEUER TESSLOFF VERLAG

Unter der Leitung der Abteilung für Kinder- und Jugendbücher des SANTILLANA-Verlages waren an der Zusammenstellung dieses Buches folgende Personen beteiligt:

BEARBEITER-TEAM
Constantino Valero
Diplom der Hochschule für Bildende Künste
Josefina Fuentes
Diplom der Hochschule für Bildende Künste
José Vento
Nationalpreis für Malerei 1967

ZEICHNUNGEN
Francisco Carreño
Alberto Fernández

FOTOS
Goyenechea

KOORDINATION
Carmen Pascual
Akad.-Lehrer
in Psychologie und Pädagogik

ISBN: 3-7886-0325/9

PRINTED IN SPAIN
GREFOL, S. A. Pol. II, La Fuensanta
Móstoles (Madrid)
Depósito legal: M. 25.416-1977

BAND 2

BASTELN MIT HOLZ, KORK, DRAHT

von 4 bis 6 Jahren

von 6 bis 8 Jahren

von 8 bis 10 Jahren

von 10 bis 12 Jahren

von 12 bis 14 Jahren

VORWORT

In diesem zweiten Band der Tessloff-Reihe „Basteln" besteht das Arbeitsmaterial aus Kork, Holz, Draht, Steinen, Metall, Reißzwecken und Zahnstochern. Es beginnt mit den leichtesten Arbeiten für die kleineren Kinder – nach und nach werden die Aufgaben schwieriger.
Wichtigstes Material für die jüngsten Bastler sind dünne Korkplättchen, die man mit der Schere leicht schneiden kann, Zahnstocher, Stecknadeln und Klebstoff, mit dem die einzelnen Teile einer Bastelarbeit ohne Werkzeug zusammengefügt werden können. Einige Vorschläge für größere Kinder können auch von den kleineren ausgeführt werden, wenn vorher das Material in die rechte Form und Größe gebracht wird und die Einzelteile nur noch zusammengefügt und verziert werden müssen.
Wie in dem ersten Band „Basteln mit Papier" sollen auch die in diesem Buch angebotenen Bastelarbeiten viele Zwecke erfüllen:

- Sie sollen hübsch sein.
- Sie sollen Spaß machen.
- Sie sollen Euch gelingen. Darum gibt es zu jedem Vorschlag klare Anweisungen, farbige Zeichnungen zeigen der Reihe nach die Arbeitsvorgänge.
- Sie sollen jedem Freude machen, Jungen und Mädchen, Großen und Kleinen. Jede Bastelarbeit wurde von einem Jungen oder Mädchen der angezeigten Altersstufe ausgeführt, bevor der Vorschlag in dies Buch übernommen wurde. Das fertige Modell ist immer im Farbfoto vorgestellt.
- Die Bastelarbeiten sollen Euer Zimmer zieren, zum Spielen oder als Geschenk geeignet sein oder Euch selbst schmücken.

Die Farbe der Kleeblätter gibt an, für welches Alter ein Vorschlag gedacht ist. Wer besonders geschickt ist, kann sich natürlich auch an Aufgaben für Ältere heranwagen.
In diesem Bastelbuch wird vor allem Euer Geschmack, Euer Schönheitssinn angesprochen. Und vergeßt nicht: Es sind nur Vorschläge! Fast jedes Modell läßt sich auf viele Art verändern, ausschmücken oder umgestalten. Laßt Eure Phantasie spielen!

MATERIAL:

- Sperrholz
- weiße Deckfarbe
- breiter Pinsel und Lappen
- Terpentin und Klebstoff
- Kieselsteine
- Bleistift

FIGUR AUS KIESELSTEINEN

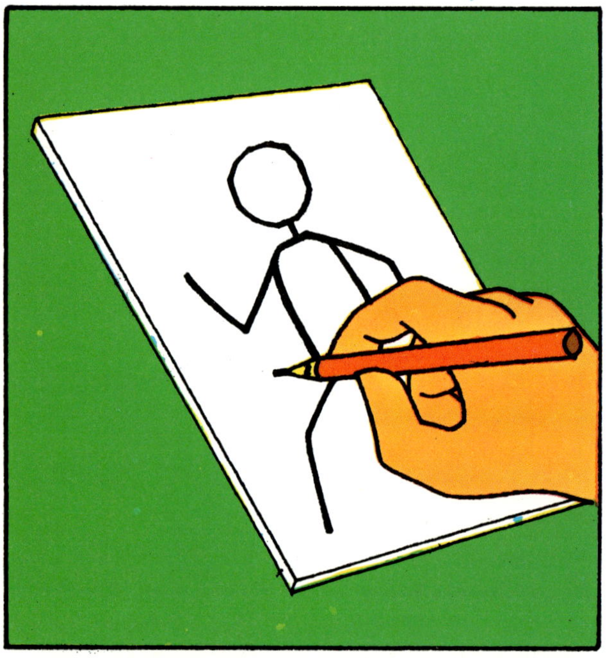

Streiche mit einem Pinsel die eine Seite einer rechteckigen Sperrholzplatte weiß an.

Säubere den Pinsel mit einem Lappen und Terpentin.

Zeichne mit Bleistift den Umriß einer Puppe auf die weiße Sperrholzplatte.

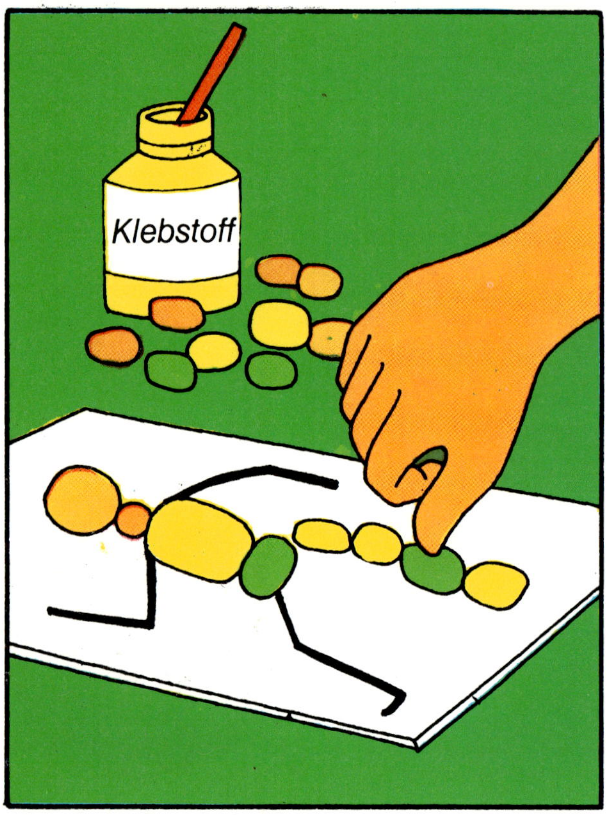

Lege Kieselsteine in verschiedenen Farben und Größen auf die gezeichneten Linien. Die Kieselsteine sollen glatt und ohne Kanten sein. Achte darauf, daß Form und Größe der Steine zu den Körperteilen der Puppe passen.

Klebe die Steine auf und laß sie trocknen.

Nun hast Du einen lustigen Wandschmuck.

MATERIAL:

- dickes Korkstück
- 5 mm dünne Korkplatte
- Schere, Bleistift und scharfes Messer
- Zahnstocher
- zwei Reißzwecken
- bunte Filzstifte
- Draht und Zange

ESEL

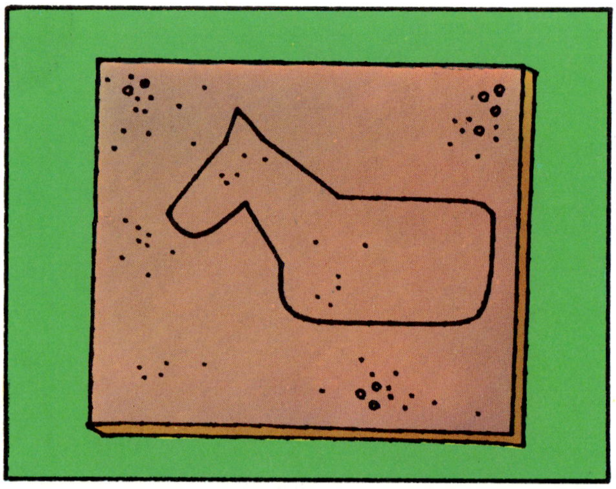

Zeichne auf die dünne Korkplatte den Rumpf eines Esels. Schneide ihn mit der Schere aus.

Zeichne auf das dicke Korkstück vier Beine. Schneide sie mit dem scharfen Messer aus.

Bemale Rumpf und Beine mit bunten Filzstiften, wie Du es auf dem Bild siehst.

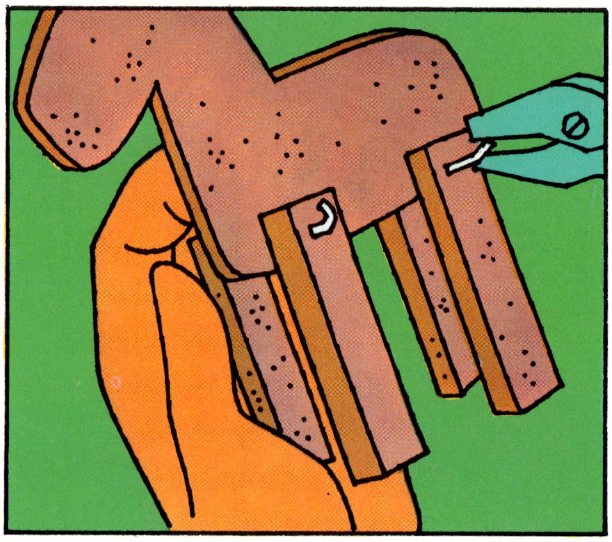

Kneife vier Stückchen Draht ab und stecke sie durch die Beine und den Rumpf. Biege mit der Zange die Drahtenden zur Seite.

Male zwei Reißzwecken schwarz an. Drücke sie als Augen in den Kopf. Zuletzt wird der Schwanz aus den beiden Hälften eines Zahnstochers gemacht.

MATERIAL:

- 5 mm dicke Korkplatte
- Schere
- Lineal
- Bleistift
- Zahnstocher

TURM AUS VIELEN TEILEN

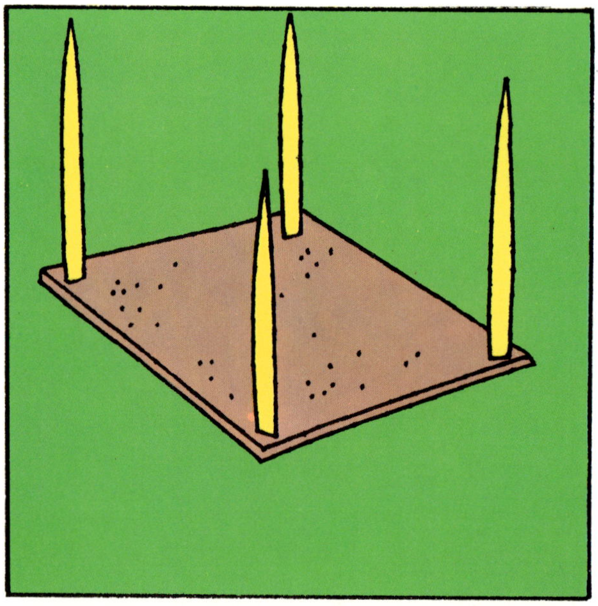

Schneide aus Kork Quadrate aus, die eine Seitenlänge von ungefähr 5 cm haben. Die Korkplatte ist so dünn, daß sie sich leicht mit einer Schere schneiden läßt.
Stecke vier Zahnstocher in die Ecken eines Quadrates.

Stecke auf die Spitzen dieser vier Zahnstocher ein anderes Quadrat. Fertige andere Würfel auf die gleiche Weise an. Setze sie übereinander und denke Dir dabei verschiedene Formen aus. Die Zahnstocher kannst Du mit verschiedenen Farben anmalen.

MATERIAL:

- ein Rechteck aus Kork, Größe 10 x 7 x 3 cm
- zwei Rechtecke aus Kork, Größe 6 x 3 x 1 cm
- ein Zahnstocher
- zwei Stecknadeln mit grünen Glasköpfen
- 15 cm lange Drahtspirale
- schwarze, rote und grüne Filzstifte
- Klebstoff, Messer und Bleistift

ELEFANT

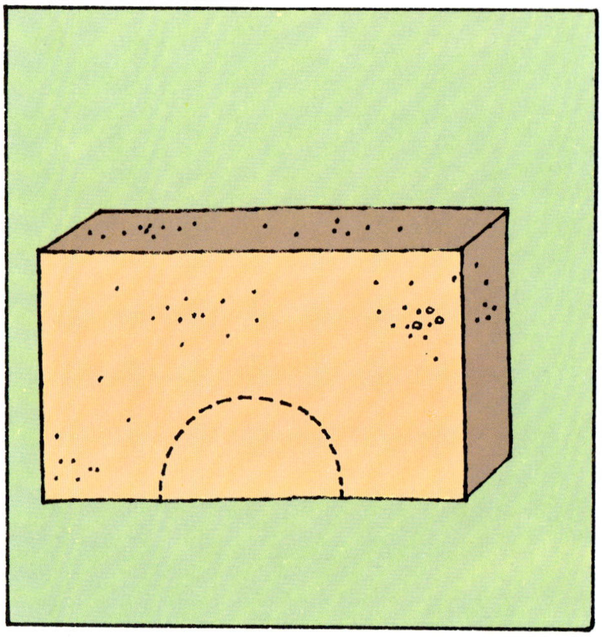

Zeichne auf die lange Kante des größeren Rechteckes aus Kork einen Halbkreis, der an seiner breitesten Stelle 3 cm mißt. Zeichne auf der anderen Seite des Korkstücks den gleichen Halbkreis.

Schneide mit dem Messer den Halbkreis aus dem Korkstück.

Male mit einem schwarzen Filzstift oben unter die Vorderkante zwei Kreise. In die Mitte stecke jeweils eine Stecknadel mit grünem Glaskopf. Das sind die Augen des Elefanten.

Für den Rüssel des Elefanten kneife ein 10 cm langes Stück Drahtspirale ab. An einem Ende biege ein Stück von ungefähr einem halben Zentimeter gerade. Bohre es zwischen den Augen ein. Das andere Ende wird nach innen eingerollt.

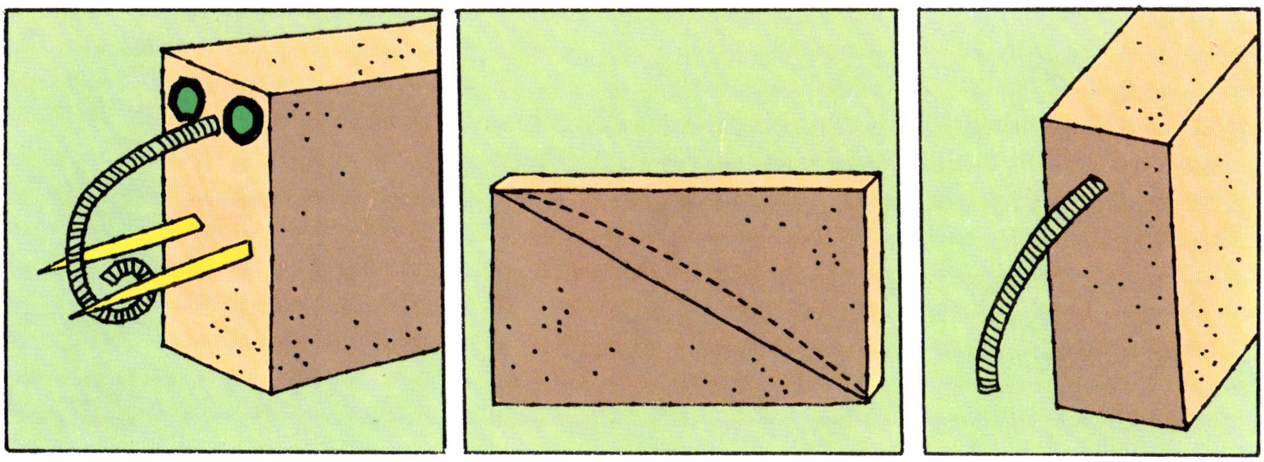

Schneide einen Zahnstocher in der Mitte durch und bohre die beiden Hälften unterhalb der Augen in den Kork, so daß die Spitzen nach außen zeigen. Dies sind die Stoßzähne.
Ziehe auf den zwei kleineren Rechtecken je eine Linie von Ecke zu Gegenecke. Dann schneide mit einem Messer entlang der Linien, aber nicht schnurgerade, sondern in einer leichten Kurve. So erhältst Du die beiden Ohren des Elefanten. Klebe sie an, wie Du es auf dem Bild siehst.
Nun wird der Schwanz aus der übriggebliebenen Drahtspirale in gleicher Weise wie der Rüssel angefertigt.
Zum Schluß bemale den Elefanten mit Filzstiften, die Ohren rot und die Füße grün, oder mache ihn noch bunter.

MATERIAL:

- ein Rechteck aus Kork, Größe 10 x 6 x 3 cm
- zwei Rechtecke aus Kork, Größe 12 x 3 x 1 cm
- eine Reißzwecke
- zwei Stecknadeln mit weißen Glasköpfen, zwei mit schwarzen und vier mit grünen Glasköpfen
- grüne, rote und schwarze Filzstifte
- Bleistifte, feiner weißer Karton und Schere

FRATZE

Zeichne auf zwei Korkstücke von der Größe 12 x 3 x 1 cm Kreislinien, wie auf dem Bild rechts oben zu sehen ist. Sie müssen an der Unterseite 12 cm groß sein. Schneide sie mit einem scharfen Messer entlang der gestrichelten Linie aus.

Die ausgeschnittenen Teile werden an die langen Unterkanten des großen Rechtecks vorn und hinten mit grünen Stecknadeln angeheftet. Jetzt ist das Kinn der Fratze fertig.

Schneide aus feinem weißen Karton zwei kleine Kreise aus, die einen Durchmesser von ungefähr anderthalb Zentimeter haben. Sie werden mit zwei Stecknadeln (weiße Glasköpfe) angepinnt. Die Augen müssen den gleichen Abstand vom Rand haben, wie Du es auf dem Bild siehst.

Biege zwei Stecknadeln mit schwarzen Glasköpfen in der Mitte. Hänge sie dann lose über die Stecknadeln mit den weißen Köpfen, damit sie hin und her schaukeln können.
Eine schwarz angemalte Reißzwecke ist die Nase. Zum Schluß zeichne mit bunten Filzstiften den Mund und die Haare und bemale das Kinn.

MATERIAL:

- ein Holzstück, Größe 8 x 5 x 1,5 cm
- zwei Holzstücke, Größe 5 x 5 x 0,3 cm
- acht Holzstäbchen, Größe 7 cm x 2 mm
- eine Holzleiste, Größe 22 x 0,5 x 0,5 cm
- Messer und zwei Tapeziernägel
- lilafarbener Filzstift und Klebstoff

KARRE

Klebe vier dünne Holzstäbchen in gleichen Abständen senkrecht auf eine der Seltenflächen des Holzstücks (5 x 5 x 0,3 cm). Die Holzstäbchen sollen 3,5 cm über die Oberkante des Quadrats hinausragen.

Befestige es mit einem Tapeziernagel an dem größeren Holzstück und achte darauf, daß der Nagel genau in der Mitte des Quadrates sitzt. Die Holzstäbchen sitzen auf dem großen Holzstück auf.

Wiederhole dies mit den übrigen vier Holzstäbchen und dem anderen Quadrat.

Schneide 5 cm von der dünnen Holzleiste (22 x 0,5 x 0,5 cm) ab. Klebe das kurze Stückchen mit der Mitte auf die lange Leiste. Es muß aussehen wie ein „T".

Klebe das andere Ende der Leiste auf die Unterseite des Wagenbodens vor den Radachsen an.

Zum Schluß zeichne mit lilafarbenem Filzstift die Räder ein, wie Du es auf dem Bild siehst.

MATERIAL:

- Holzstück, Größe 14 x 5 x 1,5 cm
- 13 kleine Holzstücke, Größe 6 x 4 x 1 cm
- Klebstoff
- Lineal
- Bleistift

TURM

Zeichne auf das große Holzstück vier 1 cm breite Streifen, die beiden äußeren 2 cm von der linken und rechten Seite entfernt. Beachte die Abstände auf dem Bild.

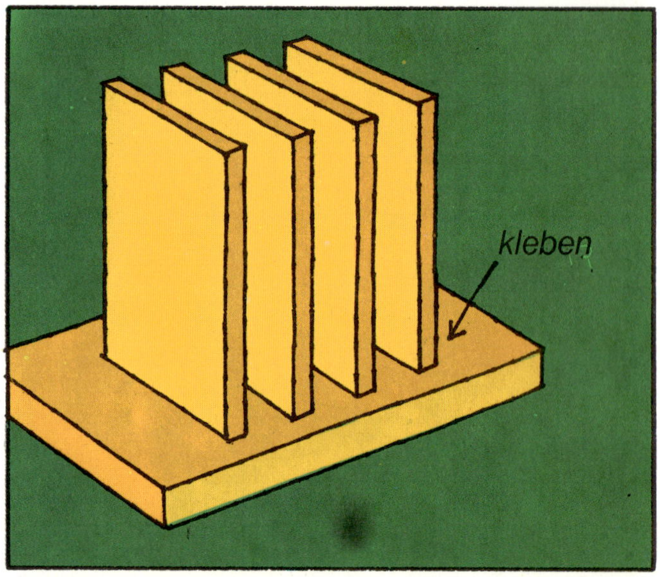

Klebe vier kleine Holzstücke auf die gezeichneten Streifen. Die langen Seiten zeigen nach oben.

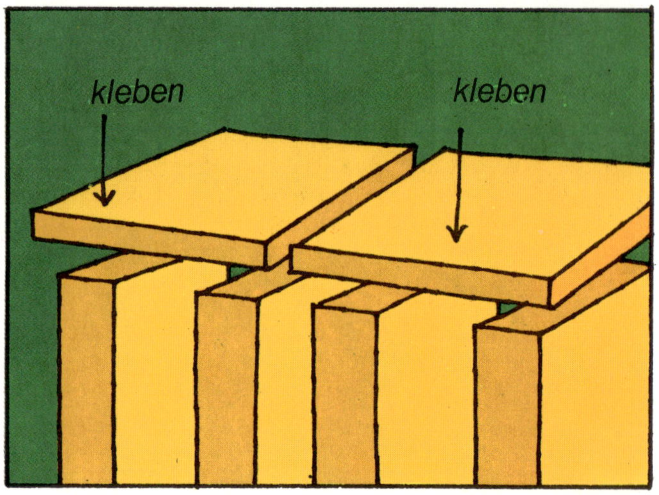

Zwei Holzstücke bilden die Zwischendecke.

Klebe jetzt auf die Zwischendecke, drei Zentimeter voneinander entfernt, zwei Holzstücke. Die langen Seiten zeigen nach oben. Ein aufgeklebtes Holzstück ist eine neue Decke.

Darauf klebe zwei senkrecht stehende Holzstücke, die untereinander einen Abstand von 1,5 cm haben. Darüber klebe ein Holzstück waagerecht auf.
Für die Turmspitze klebe das letzte Holzstück auf die oberste Decke.

MATERIAL:

- 5 mm dicke Korkplatte
- scharfes Messer
- Lineal
- schwarzer Filzstift

DOMINOSPIEL

Domino ist ein unterhaltsames Spiel. Die Steine dafür kannst Du Dir selbst basteln.
Schneide aus einer 5 mm dicken Korkplatte 28 Rechtecke, die 6 cm lang und 3 cm breit sind.
Zeichne in jedes Rechteck mit schwarzem Filzstift eine Mittellinie ein.

Stelle 7 Reihen von 7, 6, 5, 4, 3, 2, 1 Steinen auf. Zeichne mit schwarzem Filzstift Punkte auf die Steine, wie Du es auf der Vorlage siehst.

Jetzt kannst Du spielen.

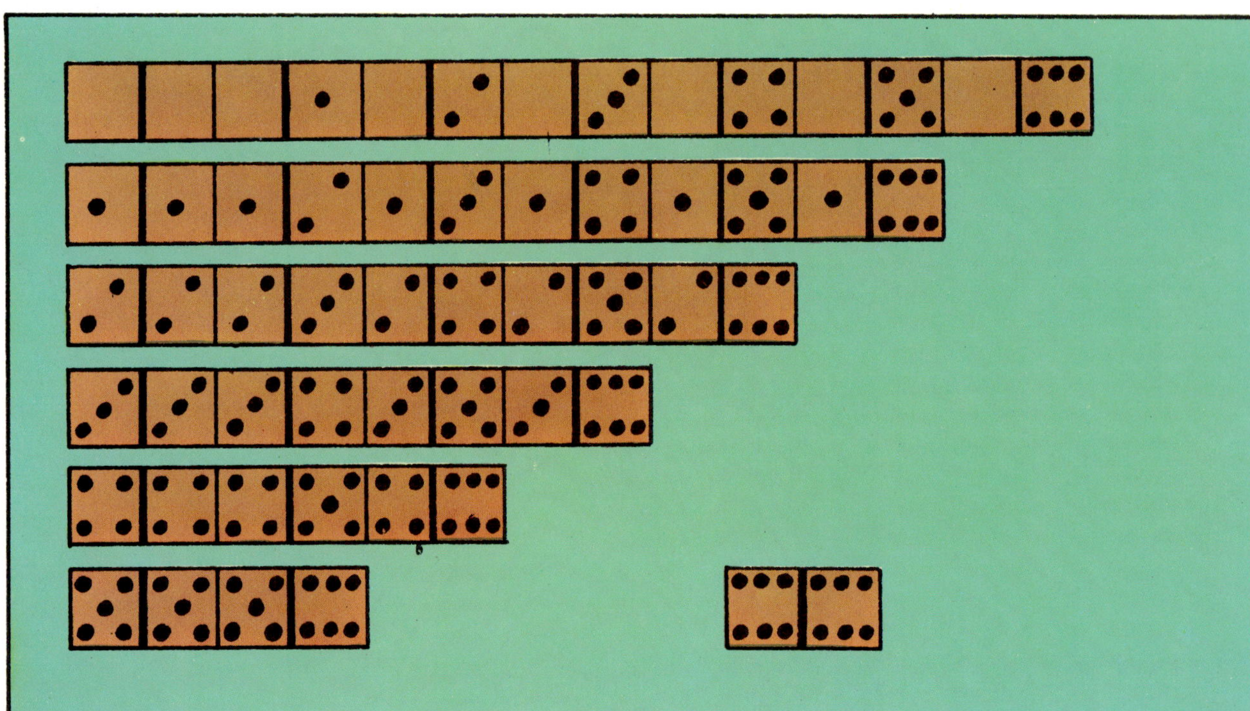

MATERIAL:
- Draht
- Zange

HUBSCHRAUBER

Aluminium-Draht läßt sich leicht biegen, obwohl er dick ist. Als Arbeitsmaterial benötigst Du daher nur eine Zange, um ihn durchzuschneiden.

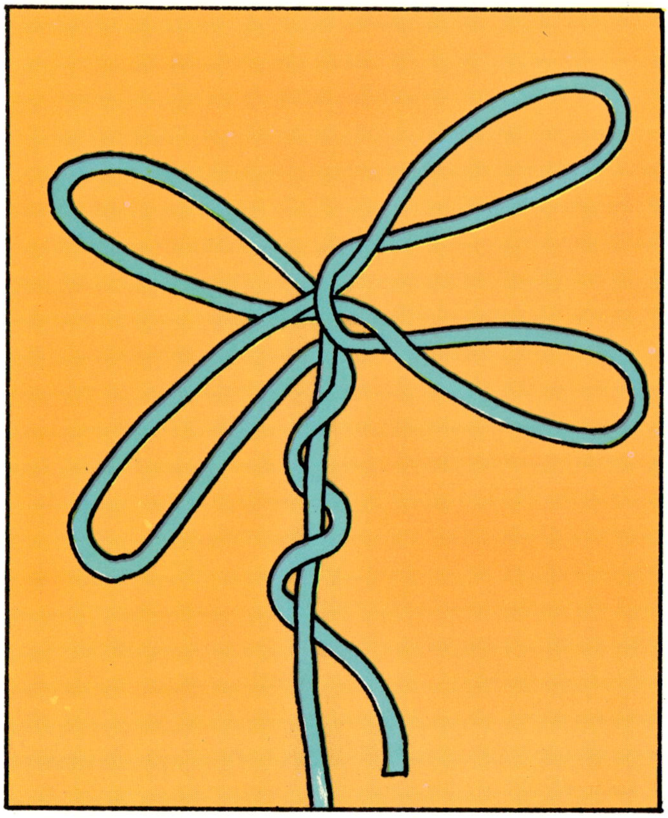

Beginne beim Bau des Hubschraubers mit den Flügelblättern. Biege den Draht so, wie es auf den Vorlagen zu sehen ist.

Kabine und Heck werden einzeln gebastelt und um den unteren Teil des Flügels gewickelt.

Zum Schluß werden die Gleitschienen am Boden der Kabine befestigt.

TURM

MATERIAL:
- **dünne Korkplatte**
- **Zahnstocher**
- **Klebstoff**
- **Haarclips oder kleine Wäscheklammern**
- **Messer**

Lege vier Zahnstocher zu einem Quadrat aufeinander, wie es auf dem Bild zu sehen ist. Tupfe etwas Klebstoff auf die Berührungspunkte. Stecke an den Klebestellen Haarclips auf, bis sie getrocknet sind.
Wiederhole dies mit vier anderen Zahnstochern.

Jetzt schneide von vier Zahnstochern die Spitzen so ab, daß sie ebenso lang sind wie die Seitenkanten der vorher gebastelten Quadrate.
Stelle die beiden Quadrate auf und verbinde sie an den Mittelpunkten ihrer Seitenkanten durch die verkürzten Zahnstocher.
Bastle in der gleichen Weise zwei weitere solcher Würfel.
Wenn der Klebstoff ganz trocken ist, setze den zweiten Würfel auf den ersten, wie Du es auf der Vorlage siehst.
Der dritte Würfel wird so auf den zweiten gesetzt, daß er die gleiche Stellung wie der erste hat.
Die vier Zahnstocherspitzen des ersten Würfels werden in ein Rechteck aus Kork gebohrt.

MATERIAL:

- Holzstück, Größe 7 x 5 x 1,5 cm
- 2–3 mm dickes und 30 cm langes Holzstäbchen
- schwarzer und orangefarbener dünner Karton
- Klebstoff
- Schere, dünner Bohrer

WIMPELMAST

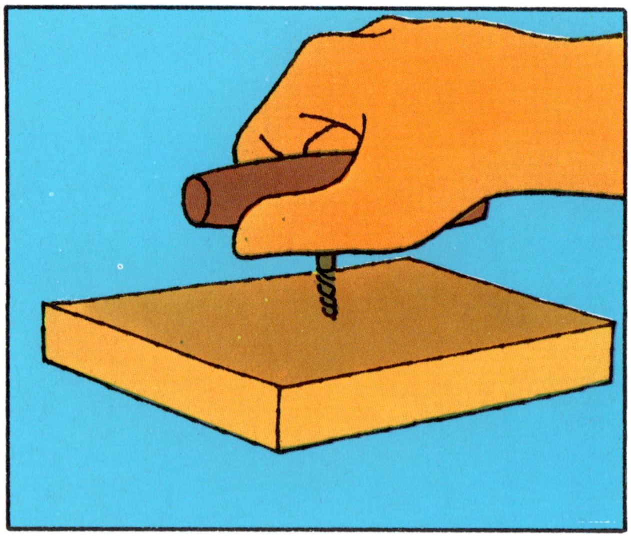

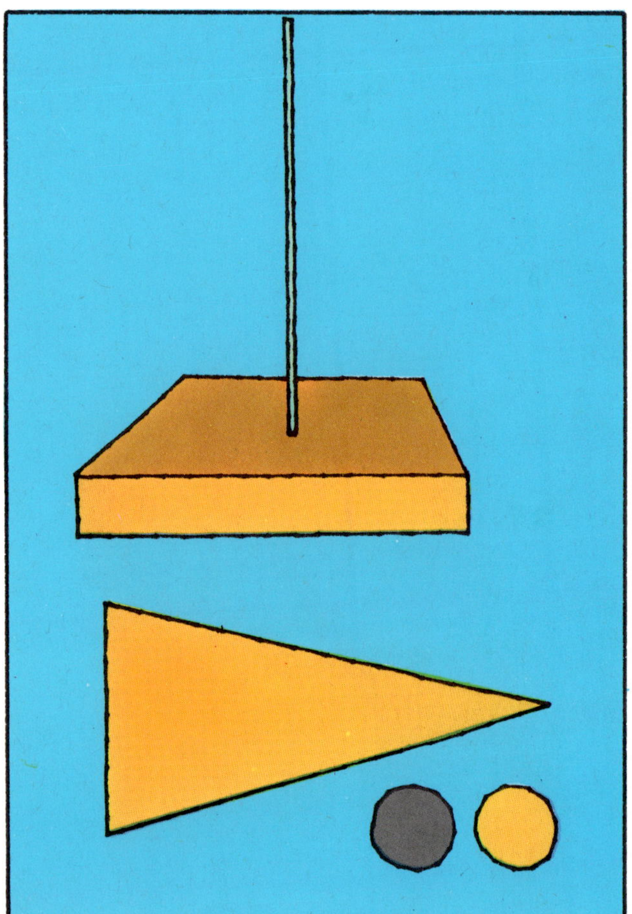

Bohre in die Mitte des Holzstücks mit einem dünnen Bohrer ein 1 cm tiefes Loch.
Stecke in das Loch ein 30 cm langes dünnes Holzstäbchen und klebe es fest. Dies ist der Mast für die Wimpel.
Schneide aus orangefarbenem Karton zwei Dreiecke, deren Seitenlinien 7 cm und deren Grundlinien 5 cm lang sind. Dann schneide aus dem schwarzen Karton zwei ebenso große Dreiecke aus. Schneide aus schwarzem und aus orangefarbenem Karton je zwei Kreise mit 1 cm Durchmesser aus.
Klebe die orangefarbenen Scheiben in die schwarzen Dreiecke und die schwarzen Scheiben in die orangefarbenen Dreiecke.
Klebe an die Spitze des Mastes einen orangefarbenen Wimpel, dann folgt ein schwarzer, ein orangefarbener und zum Schluß wieder ein schwarzer Wimpel.

MATERIAL:

- vier große Korken
- Zahnstocher
- Quadrat aus Kork
- Temperafarbe
- Pinsel
- Zirkel

SÄULE

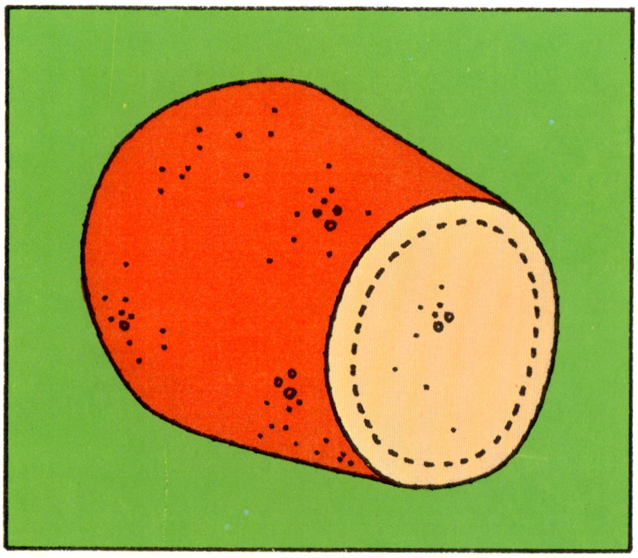

Male vier große Korken mit verschiedenen Farben an.

Zeichne auf die kleinere Fläche jedes Korkens einen Kreis, dessen Linie ziemlich dicht an dem Rand entlangläuft.

Zeichne auf die größeren Korkflächen Kreise mit dem gleichen Radius.
Mit Zahnstochern, die entlang der Kreislinien eingebohrt werden, verbinde jeweils die größere Fläche des einen mit der kleineren Fläche des anderen Korkens.

Schneide aus dickem Kork ein Quadrat.

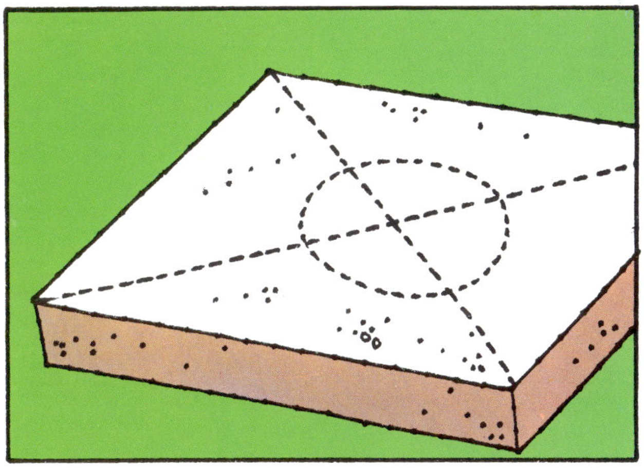

Zeichne die Querlinien ein und schlage um deren Schnittpunkt einen Kreis, der genauso groß wie die auf den Korken gezeichneten ist. Wenn Du die freistehenden Spitzen des untersten Korkens in das Quadrat aus Kork bohrst, hast Du eine Säule.

MATERIAL:

- **Quadrat aus Sperrholz**
- **blaue und weiße Farbe**
- **breiter Pinsel**
- **Klebstoff**
- **runde Plastikdeckel**
- **Terpentin**
- **Lappen**

MOSAIK

Fertige aus Sperrholz ein Quadrat an (die Vorlage hat die Größe von 21 x 21 cm).
Streiche die eine Fläche und die Kanten mit dunkelblauer Farbe an.
Laß die Farbe trocknen und reinige den Pinsel mit Terpentin.

Für Deine Bastelarbeit kannst Du runde Plastik- oder Metallverschlüsse von Flaschen verwenden.
Du kannst aber auch Knöpfe nehmen.

Ein Teil der Verschlüsse oder Knöpfe wird mit weißer Farbe angemalt.

Die einen lege mit dem Boden nach unten auf die Platte, die anderen mit dem Boden nach oben.
Verschiebe die Teile so lange hin und her, bis Du eine hübsche quadratische Anordnung gefunden hast.
Wenn Du mit der Anordnung Deiner Mosaiksteine zufrieden bist, klebe die Verschlüsse fest.

MATERIAL:

- 5 mm dicke Korkplatte
- großer Korken
- zwei weiße Reißzwecken
- Zahnstocher
- Bleistift und Lineal
- Temperafarbe
- Pinsel, Schere und Klebstoff

SONNE

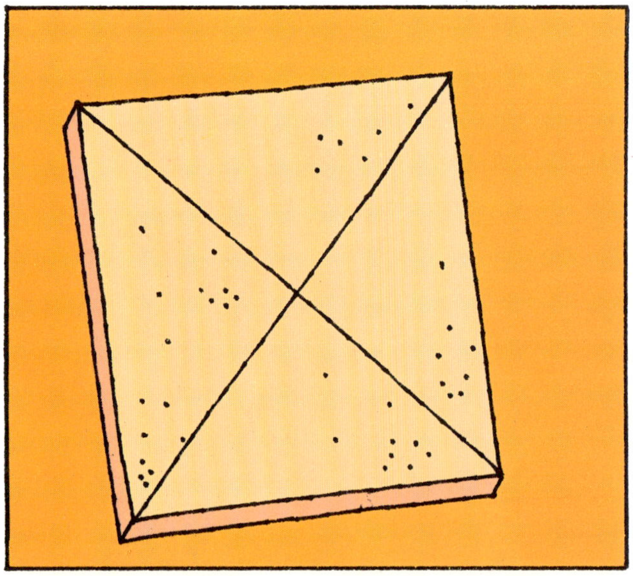

Schneide aus Kork ein Rechteck aus, das ungefähr 20 cm breit und 25 cm lang ist. Verbinde die gegenüberliegenden Eckpunkte durch Linien. Ihr Schnittpunkt ist der Mittelpunkt des Rechteckes.

Male die oberen Spitzen von acht Zahnstochern grün und die unteren Spitzen rot an.

Tupfe mit dem Pinsel in die Mitte von acht anderen Zahnstochern etwas rote Farbe.

Bohre die grünen Spitzen der Zahnstocher in gleichmäßigem Abstand rundherum in einen großen Korken.

Stecke in jeden Zwischenraum einen Zahnstocher mit einem roten Pinselstrich in der Mitte, wie es das Modell auf dem Bild zeigt.

Zwei weiße Reißzwecken werden mit einem schwarzen Punkt verziert und auf die größere Korkscheibe gepinnt. Zum Schluß wird der Boden des Korkens auf das Rechteck aus Kork geklebt.

MATERIAL:

- Kugel aus Kork oder Kunststoff
- Zahnstocher
- Farben
- Pinsel
- großer Korken
- dickes Korkstück

VOGEL

Der Kopf des Vogels ist eine Kugel aus Kork oder Kunststoff. Hast Du beides nicht, kannst Du auch Knetmasse nehmen. Zeichne die Augen ein.

Für Flügel und Schwanz male jeweils eine Spitze von 11 Zahnstochern rot an. Bemale den Korken mit weißer Farbe.

Halbiere einen Zahnstocher und bohre die beiden Hälften vorn in den Kopf. Sie sollen den Schnabel darstellen.

Ein Zahnstocher ist der Hals.

Bohre die nichtbemalten Spitzen von sechs Zahnstochern seitlich in den Korken. Die nicht verzierten Spitzen der übrigen fünf Zahnstocher werden fächerförmig in die kleinere Fläche des Korkens gebohrt.

Zuletzt wird der Rumpf des Vogels mit einem Zahnstocher auf ein dickes Korkstück gesteckt.

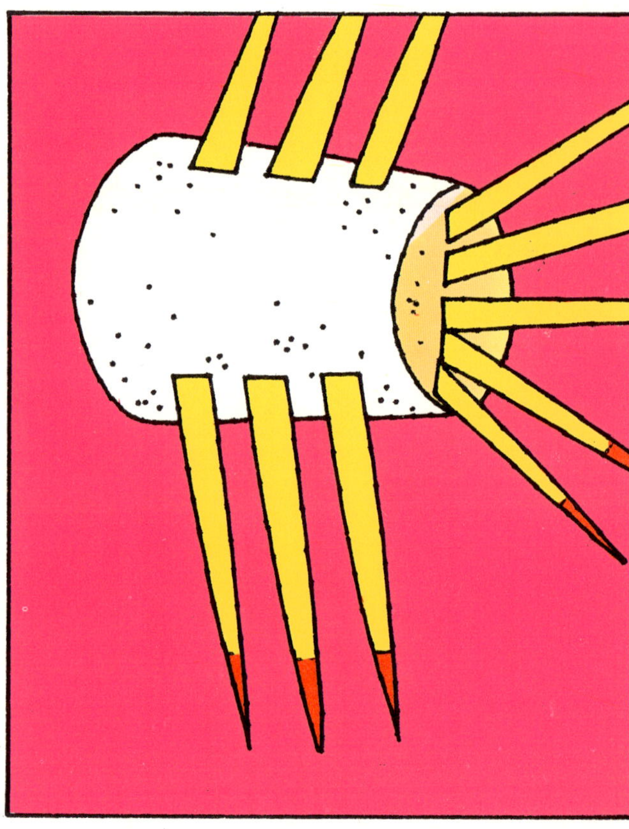

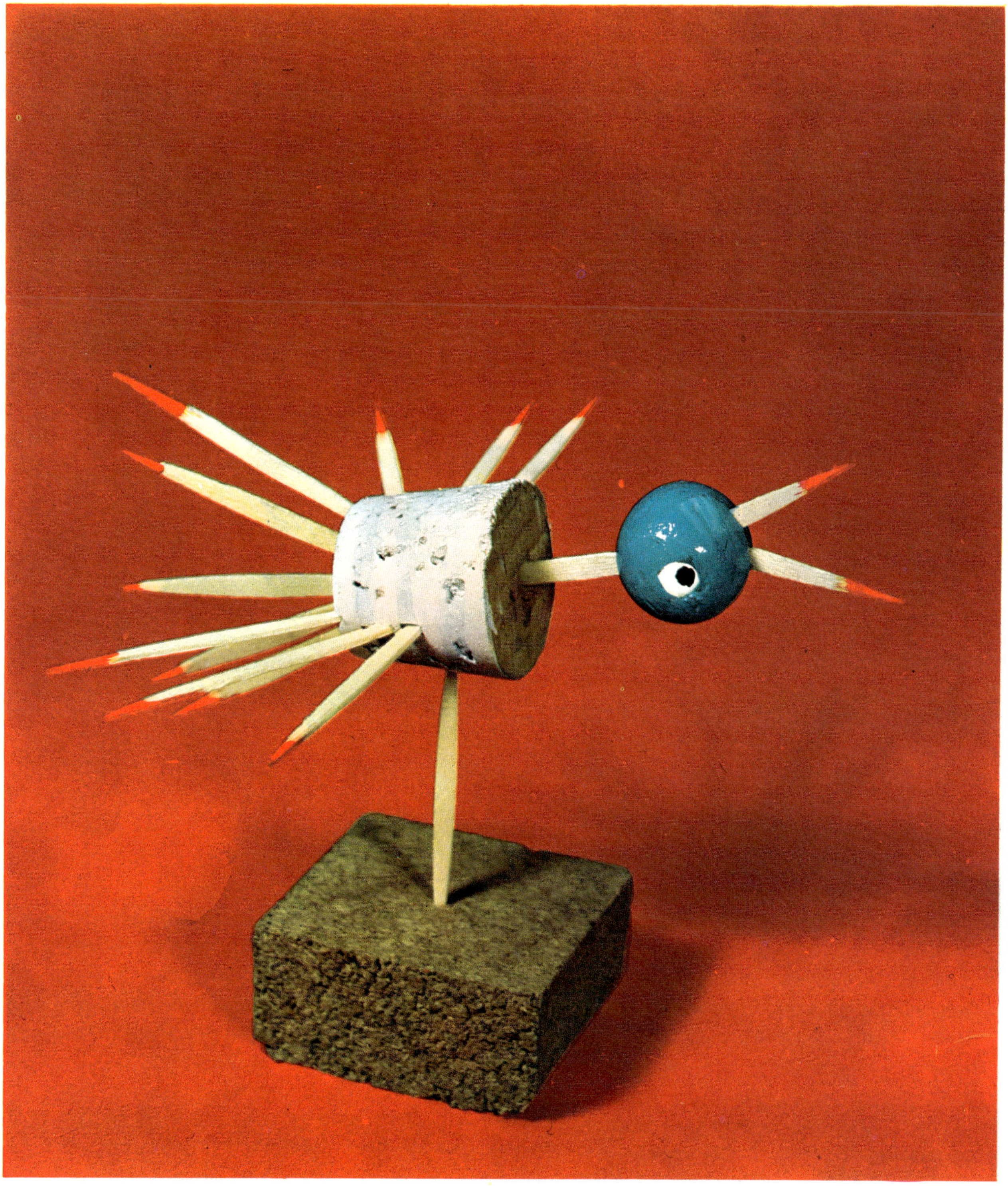

MATERIAL:

- Stück Kork, 6 x 6 x 3 cm
- fünf Kugeln aus Kork oder Kunststoff mit 2,5 cm Durchmesser
- Draht
- Drahtspirale oder anderen weichen Draht
- Stecknadeln mit dicken schwarzen und roten Glasköpfen
- schwarzer Filzstift; rote und gelbe Farbe
- Lineal, dicke Nadel oder Nagel und Zange

UNGEHEUER

Durchbohre die quadratische Seitenfläche des Korkstückes an zwei Stellen 0,5 cm von der Unterkante entfernt wie bei dem abgebildeten Modell. Zum Durchbohren des Korks kannst Du eine dicke Nadel oder einen langen Nagel verwenden. Auf die gleiche Weise durchbohre vier Kugeln aus Kork oder Kunststoff in der Mitte.

Schneide mit einer Zange zwei 10 cm lange Drahtstücke ab. Führe die Drahtstücke durch die Löcher und an beiden Enden auch durch eine Kugel.

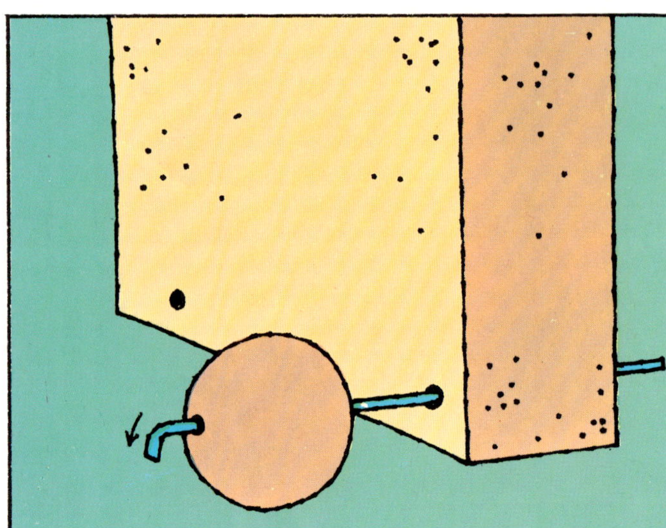

Biege den überstehenden Draht um, damit die Kugeln nicht wieder herausrutschen können. Laß aber einen kleinen Zwischenraum zwischen Kugeln und Korkstück, damit die Kugeln sich drehen können.

Kneife von der Drahtspirale zwei 5 cm lange Stücke ab. Biege von einer Spirale an beiden Enden jeweils einen halben Zentimeter glatt.

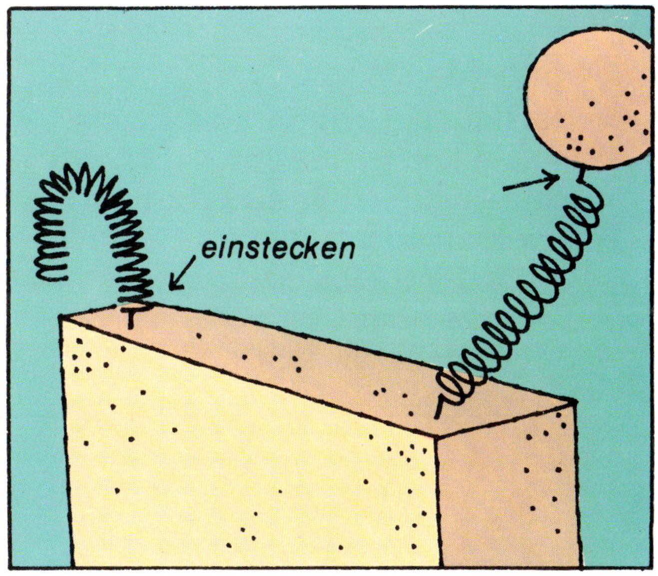

Stecke das eine glattgezogene Ende der Drahtspirale in die obere lange Seite des Korkstücks, wie es auf dem Bild zu sehen ist. Du kannst Dir die Arbeit erleichtern, wenn Du mit einer dicken Nadel vorher ein Loch in den Kork bohrst. Das andere Ende der Drahtspirale bohre fest in die fünfte Kugel.

Auf die gleiche Weise bohre in das hintere Teil des Korkstücks die andere Spirale und krümme sie zu einem Schwanz.

Der Kopf ist leicht gemacht. Zwei Stecknadeln mit dicken schwarzen Glasköpfen sind die Augen, eine Stecknadel mit rotem Glaskopf ist die Nase, Haare und Mund werden mit einem schwarzen Filzstift gemalt.

Bemale den Kork mit schwarzem Filzstift wie auf dem abgebildeten Modell.

Zuletzt male auf jeder Seite unten eine Kugel rot und die andere gelb an.

LASTWAGEN

MATERIAL:

- **Holzstück, Größe 4 x 3 x 1,5 cm**
- **Holzstück, Größe 20 x 4 x 1,5 cm**
- **Holzstück, Größe 10 x 5 x 1 cm**
- **vier kleine Holzstücke, Größe 5 x 5 x 0,5 cm**
- **Tapeziernägel, Filzstifte**
- **Säge, Hammer und Klebstoff**

Säge von einem Holzstück (Größe 4 x 3 x 1,5 cm) einen Keil (0,5 cm von der Oberkante) ab. Was Du übrig behältst, soll der Motor des Lastwagens sein.

Für den Boden verwende ein Holzstück von der Größe 20 x 4 x 1,5 cm. Klebe den Motor so darauf, wie es die Vorlage zeigt.

Das Fahrerhäuschen ist ein Holzstück von der Größe 10 x 5 x 1 cm und wird mit einer der langen Seitenkanten senkrecht an den Motor geklebt.

Vier kleine Holzstücke von der Größe 5 x 5 x 0,5 cm sind die Räder. Sie werden mit Tapeziernägeln in der Mitte an den Boden angenagelt.

Achte darauf, daß die beiden Vorderräder neben dem Fahrerhäuschen angenagelt werden.

Zum Schluß zeichne mit bunten Filzstiften die Räder, die Speichen und den Kühler ein. Zeichne auch andere Einzelheiten ein, die Dir einfallen.

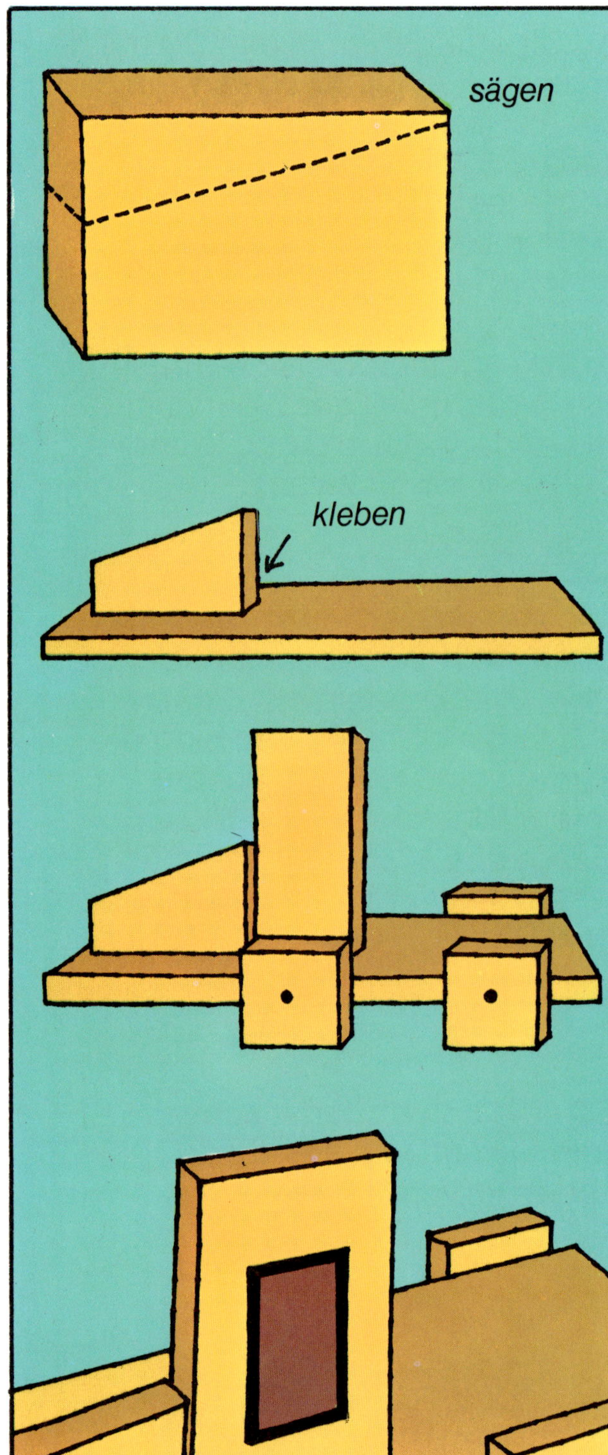

MATERIAL:

- **Zahnstocher**
- **1 cm dicke Korkplatte**
- **scharfes Messer**
- **Lineal**
- **Bleistift**

FIGUR

Zeichne mit Bleistift auf eine Korkplatte 8 senkrechte Linien, die einen Abstand von 1 cm haben. Im rechten Winkel dazu zeichne 8 waagerechte Linien, die den gleichen Abstand haben. So erhältst Du 49 kleine Quadrate.

Schneide mit einem scharfen Messer die Quadrate aus. Für unsere Figur brauchst Du 40 Stück. Sie sind die Verbindungspunkte für die Zahnstocher, die das Gerüst der Figur bilden.

Baue einen Würfel als Fundament und senkrecht darauf drei weitere. Beachte dabei, daß bei dem dritten Würfel eine obere Querseite fehlt.

Füge die anderen Elemente, wie Du es auf dem Bild siehst, an die mittlere Säule an.

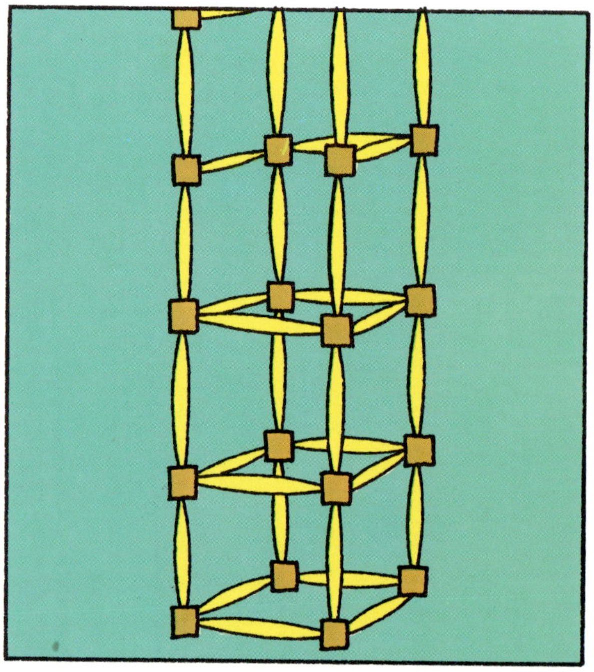

MATERIAL:

- Büroklammern
- vier grüne Holzperlen von 1 cm Durchmesser
- drei rote oder lila Holzperlen von 1 cm Durchmesser
- Zange

KETTE

Bastle eine Kette, indem Du 19 große Büroklammern aneinanderreihst.

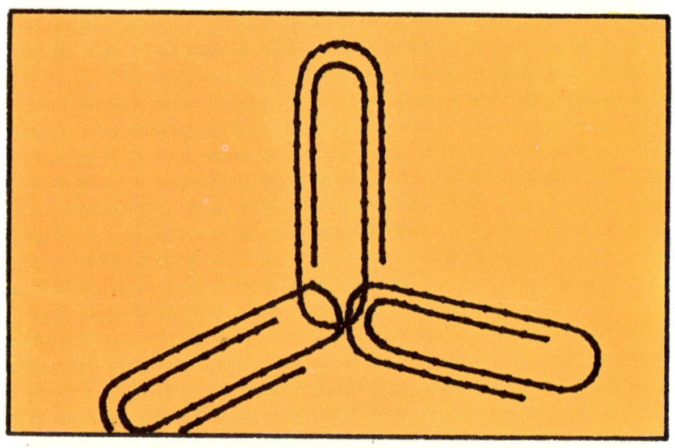

Hänge an einen beliebigen Verbindungspunkt von zwei Büroklammern eine weitere Büroklammer.

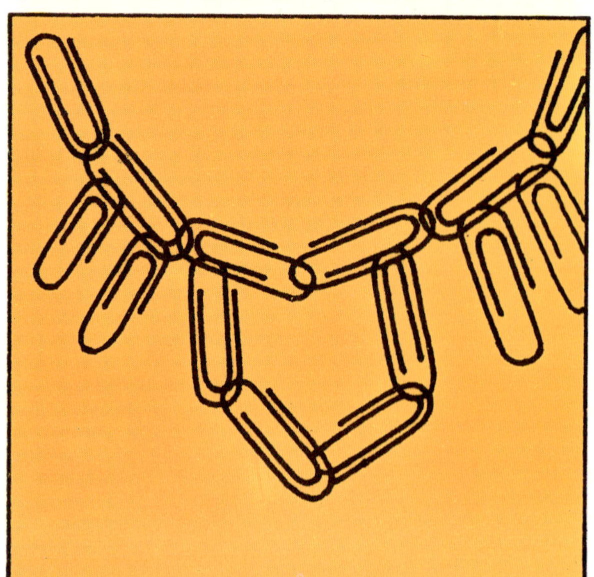

Hänge an den folgenden Verbindungspunkten fünf andere Büroklammern auf. Laß die Mitte frei, so wie es auf der Zeichnung zu sehen ist.

Die beiden mittleren Büroklammern werden durch zwei weitere miteinander verbunden.

Biege den äußeren Teil von sieben Büroklammern gerade. Fädele die glatten Stücke der Büroklammern durch die Holzperlen. Dabei biege den Draht so um, daß die Perlen nicht wieder herausrutschen können.

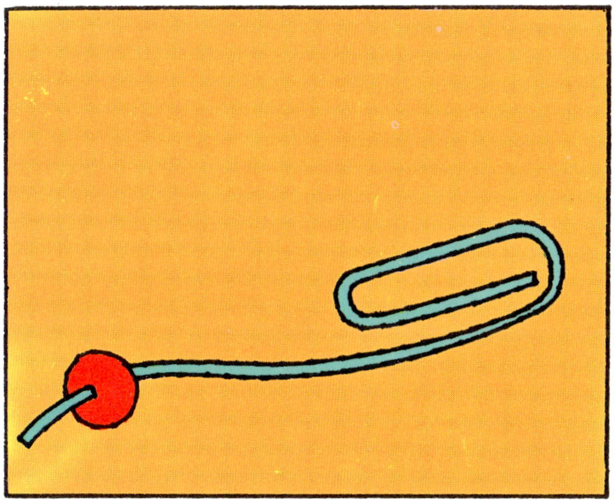

Hänge die sieben Büroklammern an die Kette wie auf der Vorlage. Stelle die Farben nach dem Modell zusammen.

MATERIAL:

- **14 dünne, quadratische Holzplättchen, Seitenlänge 5 cm**
- **Klebstoff**
- **Filzstifte rot, lila und grün**

TURM

Klebe auf ein quadratisches Holzplättchen mit einer Seitenlänge von 5 cm zwei gleichgroße Holzplättchen auf. Diese sollen einige Millimeter von den Seitenkanten entfernt stehen.

Nun lege auf die beiden Seitenwände ein Holzplättchen und klebe es an.

Setze in die Mitte der Oberfläche des Würfels ein Holzplättchen und klebe es fest.

Fertige zwei weitere Würfel an und bastle mit den Zwischenplatten und den Würfeln einen Turm, so wie es das Modell zeigt.

Zum Schluß werden die Seitenflächen der Würfel und die Zwischenstücke mit bunten Filzstiften angemalt.

MATERIAL:

- Sperrholzplatte, Größe 12 x 8 cm
- zwei Holzstücke, Größe 5 x 5 x 2 cm
- drei Holzsäulen, Höhe 5 cm, Durchmesser 3 cm
- sechs Quadrate aus Sperrholz, Größe 5 x 5 x 0,5 cm
- Klebstoff und Lineal
- Farben

TURM AUS SÄULEN

Bemale die einzelnen Teile der Bastelarbeit.
Weiß: die Sperrholzplatte, eine Säule, zwei Sperrholzquadrate.
Blau: die beiden Holzstücke.
Gelb oder braun: eine Säule und zwei Sperrholzquadrate.
Grün: eine Säule und zwei Sperrholzquadrate.

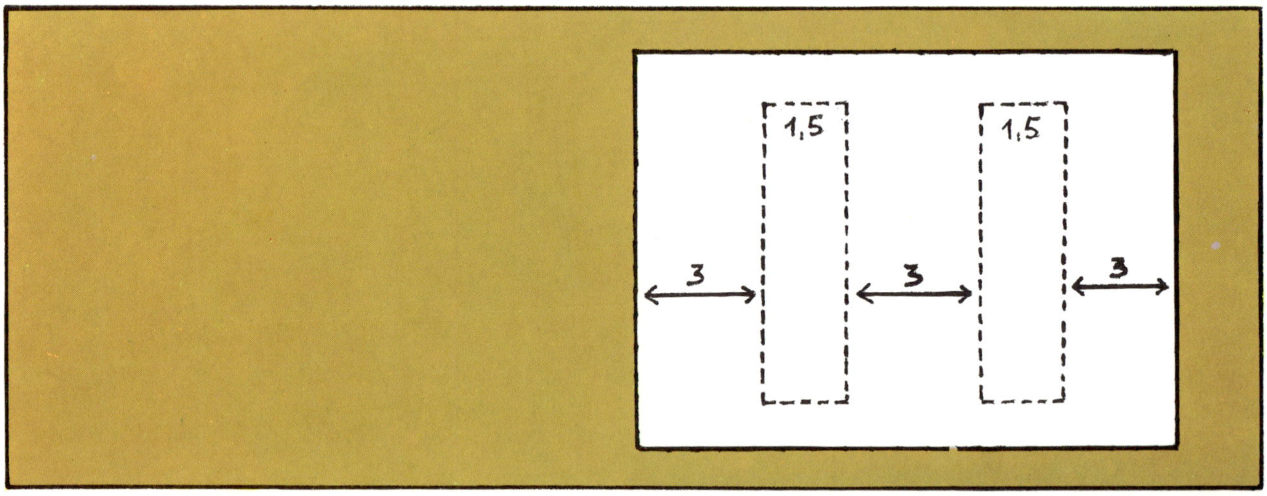

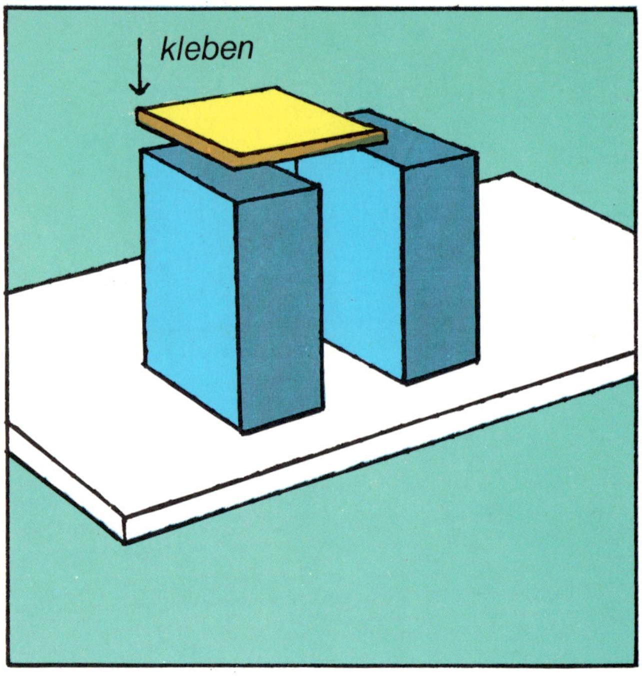

Klebe auf das große weiße Rechteck aus Holz die beiden blauen Holzstücke. Halte die auf der ersten Zeichnung abgebildeten Abstände ein. Lege ein gelbes (oder braunes) Quadrat auf die blauen Holzstücke (1 cm von den Seitenkanten entfernt) und klebe es auf.

Klebe die gelbe (oder braune) Säule in die Mitte des Quadrats.

Klebe das andere gelbe (oder braune) Quadrat so auf die Säulenmitte (wie auf dem Bild rechts), daß das obere Quadrat gegenüber dem unteren Quadrat um einen halben rechten Winkel gedreht ist.
Klebe auf das gelbe (oder braune) Quadrat ein grünes Quadrat, dessen Seitenkanten parallel zu dem ersten gelben (oder braunen) Quadrat verlaufen sollen.
Klebe die grüne Säule in die Mitte des grünen Quadrats. Dann klebe auf die grüne Säule das zweite grüne Quadrat, die Seitenkanten sollen parallel zu dem ersten grünen Quadrat verlaufen.
Klebe ein weißes Quadrat auf, verschiebe dabei wieder die Ecken.
Befestige die letzte Säule auf die gleiche Weise wie die anderen.
Zum Schluß klebe das letzte weiße Quadrat mit einer der Ecken, die Du vorher abgefeilt hast, in die Mitte der weißen Säule.

MATERIAL:

- 1 mm dicker, schwarzer, harter Kabeldraht
- acht lilafarbene Perlen von je 1 cm Durchmesser
- Zange

PERLEN-ARMBAND

Kneife acht 3 cm lange Drahtstücke ab. Stecke die Drahtstücke durch die Perlen.

Biege die Enden der Drahtstücke so weit um, daß sie Ösen bilden.

Kneife vier 5 cm lange Drahtstücke ab und biege sie zu 2 cm langen, ovalen Schlaufen.

Führe durch die Drahtöse einer Perle die Drahtöse einer zweiten Perle. Nimm als Verbindung zur dritten Perle eine Schlaufe, füge zwei Perlen zusammen, nimm wieder eine Schlaufe usw.

MATERIAL:

- **Sperrholzplatte, Größe 50 x 4 x 0,3 cm**
- **sechs Holzstücke, Größe 6 x 4 x 1 cm**
- **bunte Filzstifte**
- **Lineal und Laubsäge**
- **Klebstoff**

EISENBAHN

Zeichne auf die Sperrholzplatte mit schwarzem Filzstift Linien, jeweils in 1 cm Abstand. Dies sind die Eisenbahnschienen.

Säge von einem Holzstück ein 1 cm breites Stück ab, wie auf der Vorlage zu sehen ist. Du erhältst ein Holzstück von der Größe 4 x 1 x 1 cm. Bemale es mit einem schwarzen Filzstift. Dies soll der Schornstein sein.

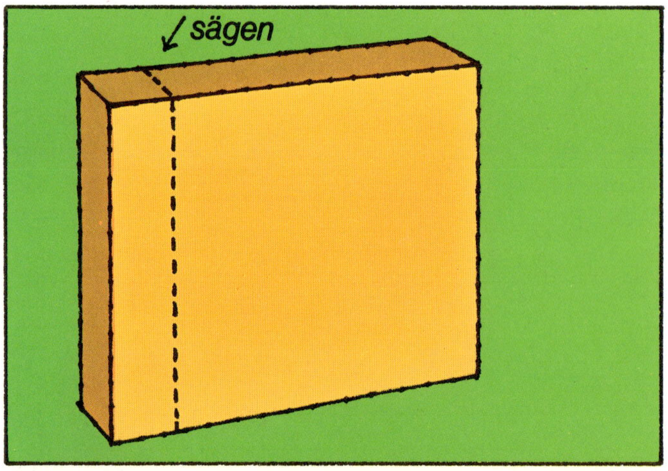

Klebe hinten an das verkürzte Holz ein anderes Holzstück, dessen lange Kanten nach oben zeigen.

Male mit bunten Filzstiften die Räder, das Fenster und die Tür der Lokomotive.

Setze die Lokomotive auf die Sperrholzplatte (ungefähr 8 cm von einem Ende entfernt) und klebe sie auf.

Aus den anderen Holzstücken werden die Eisenbahnwagen angefertigt. Male Fenster, Räder usw., wie Du es auf dem oberen Bild siehst. Klebe die vier Eisenbahnwagen hinter der Lokomotive auf, und laß dabei immer einen Abstand von einem Zentimeter.

MATERIAL:
- Holzstück, Größe 5 x 5 x 0,5 cm
- Zahnstocher
- Messer, Lineal
- Klebstoff

BAUM

Schneide in ein Quadrat aus Holz, dessen Seiten 5 cm lang sind, auf der Mittellinie zwei nicht sehr tiefe Kerben.

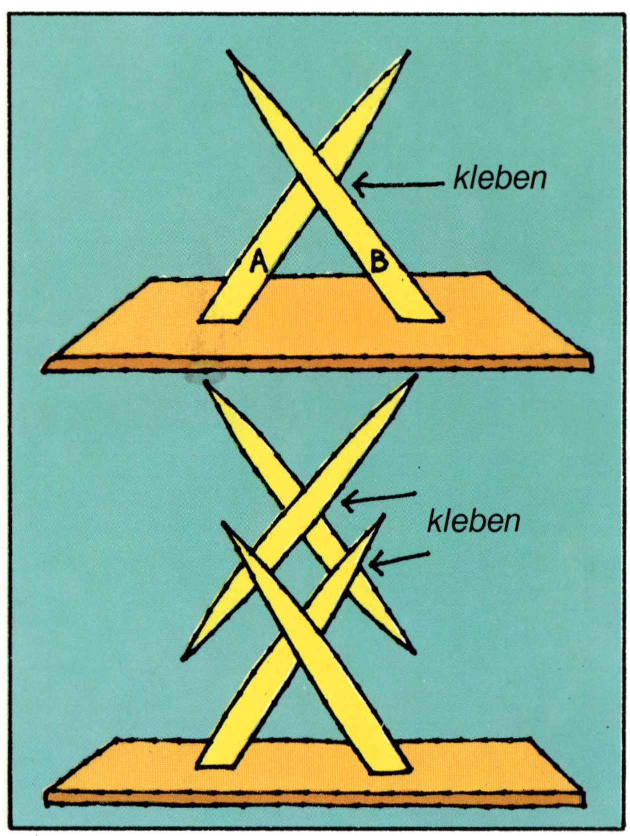

Stecke in jede Rille einen verkürzten Zahnstocher. Lege die Zahnstocher über Kreuz und klebe sie unten sowie an ihrem Berührungspunkt fest.

Klebe an die Spitze des Zahnstochers A einen neuen Zahnstocher, der ziemlich parallel zu Zahnstocher B steht. Auf die gleiche Weise wird ein Zahnstocher an die Spitze von B geklebt. Die Berührungspunkte werden wieder festgeklebt.

Bastle drei weitere Kreuze und setze sie übereinander.

Zuletzt wird ein Zahnstocher senkrecht an den Berührungspunkt des obersten Kreuzes geklebt.

MATERIAL:
- Sperrholz
- Säge
- Bleistift
- Pauspapier
- Temperafarbe
- Pinsel

PUZZLE-SPIEL

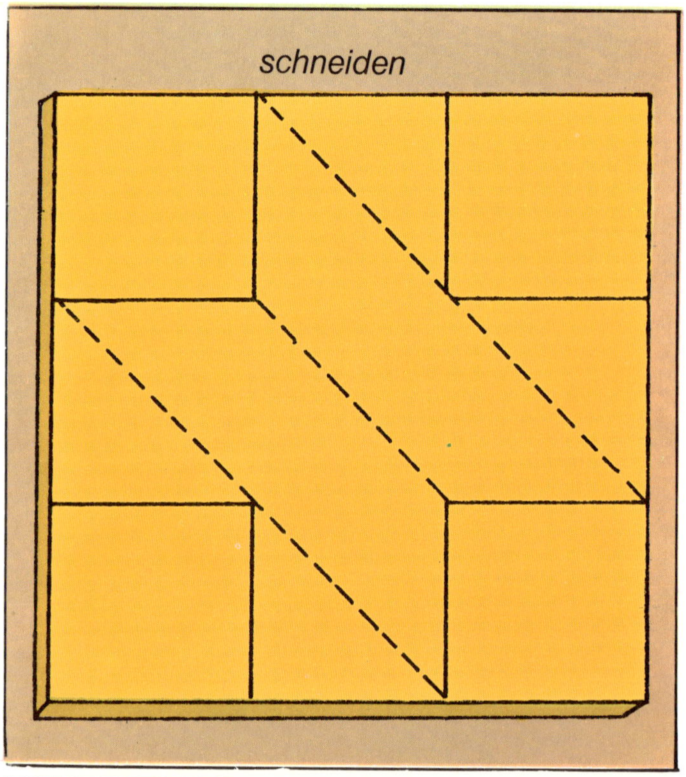

Zeichne auf eine quadratische Sperrholzplatte vier kleinere Quadrate, wie es die Vorlage zeigt. Schneide die durchgezogenen Linien aus. Schneide dann entlang der gestrichelten Linien.

Bemale jedes Stück mit einer anderen Farbe.

Mische die Stücke durcheinander und versuche sie dann wieder richtig zusammenzusetzen. Aus allen Teilen oder nur einigen von ihnen kannst du auch andere hübsche Figuren zusammensetzen.

MATERIAL:
- **Plastikröhrchen in zwei Farben**
- **Draht**
- **Zange**
- **Lineal**

HALSKETTE

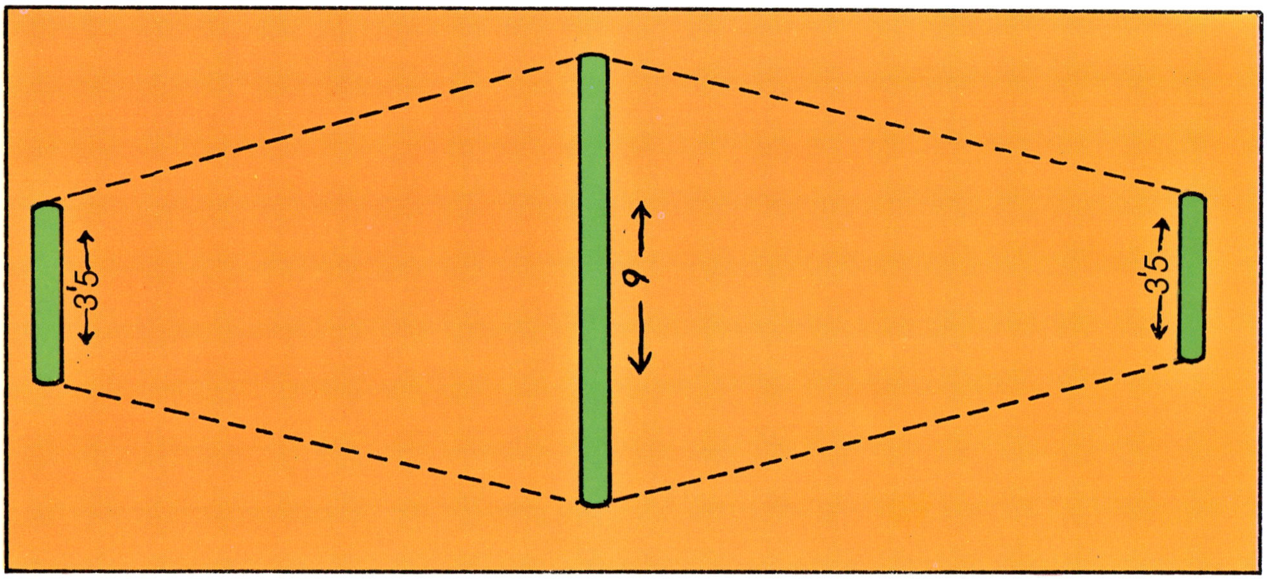

Schneide 24 Plastikröhrchen zu, immer ein Pärchen von jeder Länge. Das kürzeste Paar ist 3,5 cm, das nächste 4 cm, das nächste 4,5 cm und so fort. Das längste Paar ist dann 9 cm lang.

Schneide zehn Röhrchen von 1 cm Länge in einer Farbe und einige 2 cm lange in beiden Farben zu.

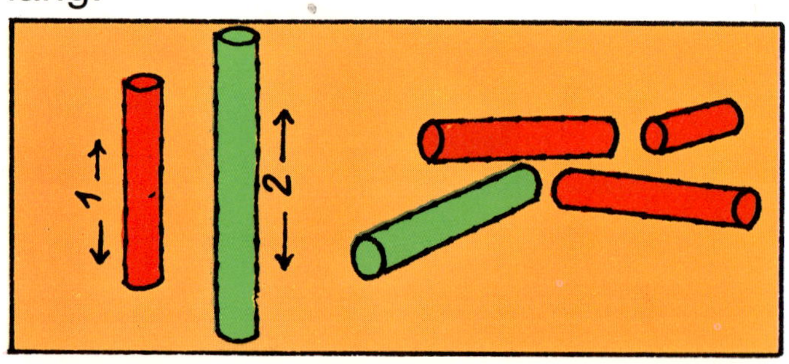

Kneife 24 Stückchen Draht ab. Die Drahtstückchen sollen etwas länger als die 24 langen Röhrchen sein. Ein Ende der Drahtstückchen wird eingerollt, wie es die Vorlage zeigt, das andere durch das Röhrchen gefädelt.

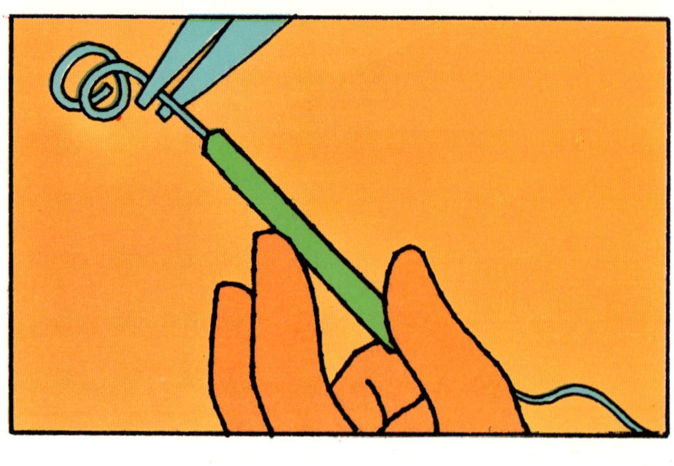

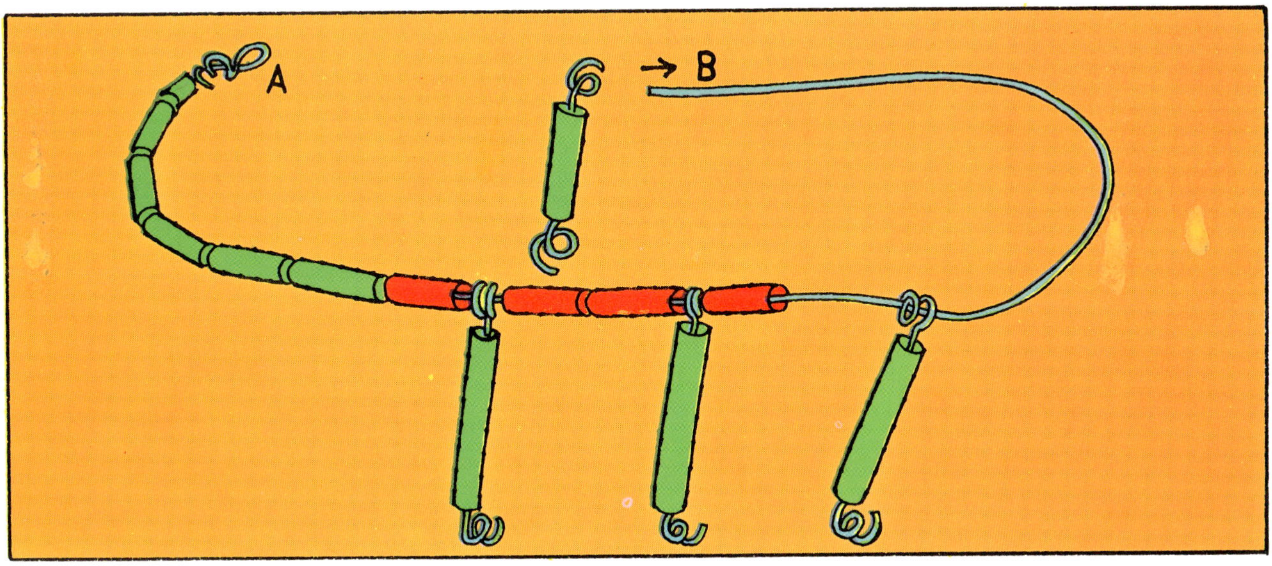

Kneife ein Stück Draht ab, das Du so lang machst, wie Deine Kette werden soll. Rolle das Ende A ein. Fädele das Ende B durch die zehn Röhrchen und durch die Ösen der 24 Anhänger.

Wenn Du alle Glieder und Anhänger aufgefädelt hast, rolle das Drahtende B in der gleichen Weise wie A ein, wie du es auf dem Bild siehst. Führe A durch B. Nun hast Du einen ziemlich sicheren Verschluß für die Kette.

MATERIAL:

- Kiefernholz
- Leiste
- Sperrholz
- zwei Haken
- Klebstoff
- Lineal und Bleistift
- dünner Kupferdraht
- Klebstoff
- Säge
- Farbe
- Pinsel, feiner Bohrer
- Wasser und Lappen

ENTENSCHAUKEL

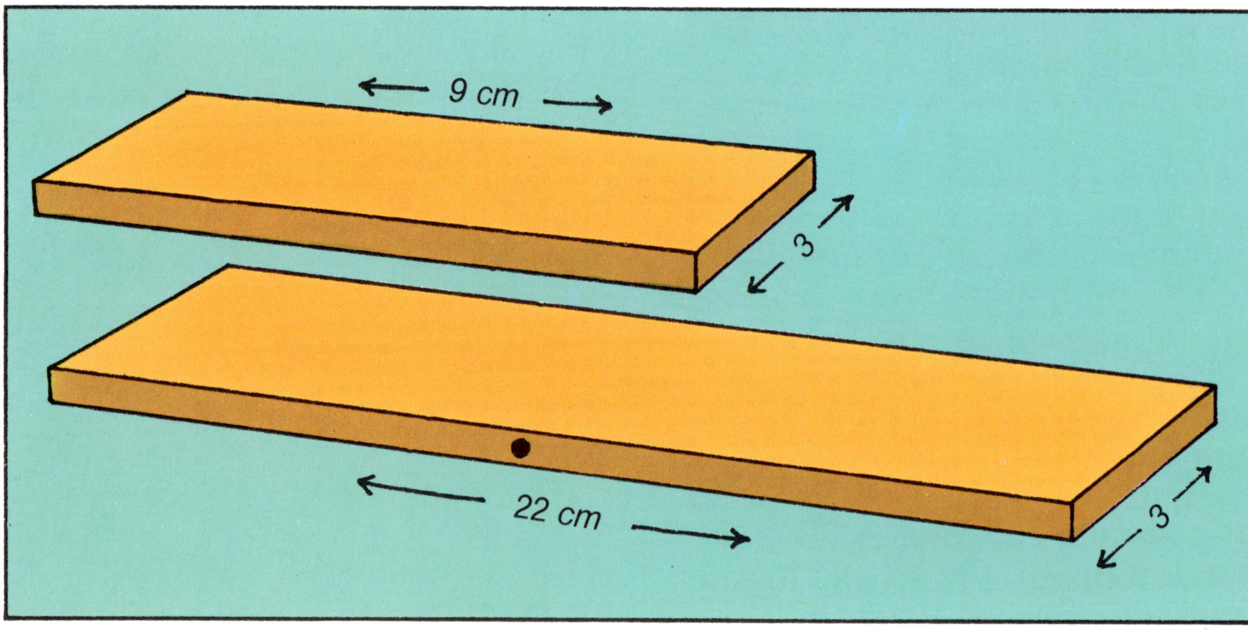

Säge zwei Rechtecke aus Kiefernholz aus, die ungefähr die auf der Vorlage angegebenen Maße haben.

Bohre mit einem feinen Bohrer in der Mitte der beiden langen, schmalen Seiten ein Loch. Dann streiche das Holz grün an.

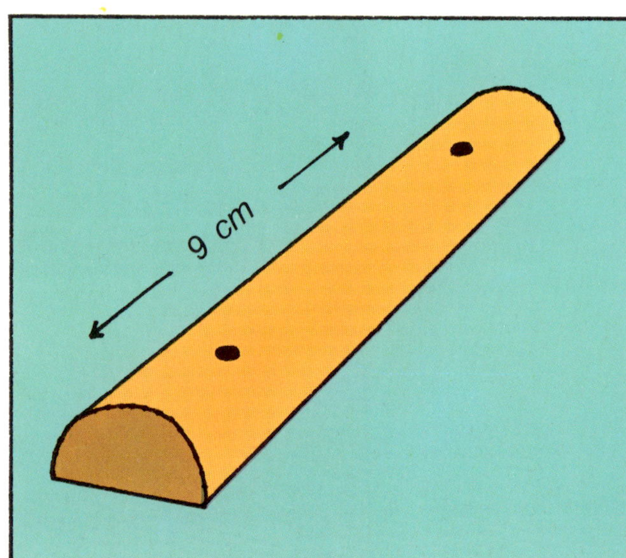

In Geschäften gibt es abgerundete Leisten, die zum Ausfugen von Fensterscheiben gebraucht werden. Du brauchst eine 9 cm lange Leiste. Bohre mit dem feinen Bohrer zwei Löcher, 3 cm von jedem Ende entfernt.

Klebe die Leiste auf das kleine Rechteck und streiche dann alles braun an.

Pause die abgebildete Ente zweimal auf ein Sperrholzplatte. Säge sie mit einer Laubsäge aus.

Dann werden die beiden Enten angemalt, der Rumpf gelb, Schnabel und Flügel rot und die Augen schwarz.
Pause auch den Umriß der abgebildeten Blume auf eine Sperrholzplatte und säge sie dann aus. Färbe die Blüte rosa und die Blätter grün.

Wickle zwei Stückchen Kupferdraht um einen Bleistift, wie Du es auf dem Bild unten siehst. Du erhältst zwei Spiralen.

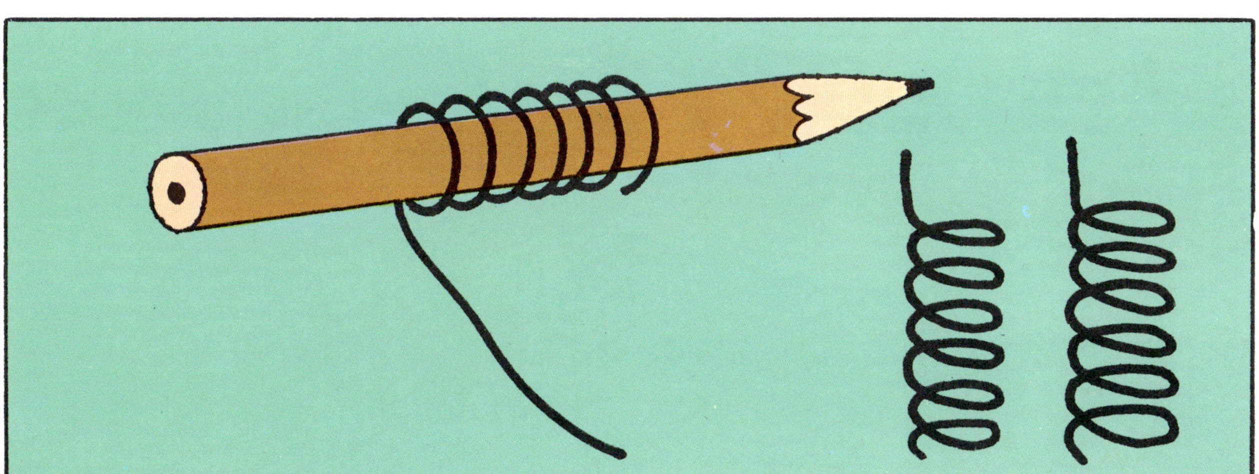

Nun wird je ein Ende der Spiralen unten in den Rumpf der Enten gebohrt. Das andere Ende wird jeweils in das lange Holzstück gebohrt. Die vier Spiralenden bekommen noch einen Tupfen Klebstoff, damit sie besser halten.

Dann klebe die Blume in die Mitte des grünen Schaukelbretts.

Zuletzt bohre die langen Enden von zwei Haken in die Löcher der abgerundeten Leiste und das kurze Ende der Haken in die Löcher des grünen Holzstücks.
Ist das nicht ein hübscher Zimmerschmuck?

MATERIAL:

- Draht
- Papier
- Bleistift
- Zange
- Metallfeile

NAMENSPANGE

Schreibe auf ein Stück Papier den Namen, den Du aus Draht basteln möchtest. Wähle ein Schriftart, die Dir gefällt.

Rechne dann ungefähr aus, wieviel Draht Du brauchst. Beachte dabei, daß der erste Buchstabe einen Haken haben muß. Kneife den nötigen Draht mit der Zange ab.

Beginne mit dem Haken.

Lege dann den Draht auf den von Dir geschriebenen Namen und biege den Draht entsprechend. Gebrauche beim Biegen des Drahtes die Spitze der Zange.

Biege den Draht nach dem letzten Buchstaben so, daß er noch durch den Haken am Anfang paßt.

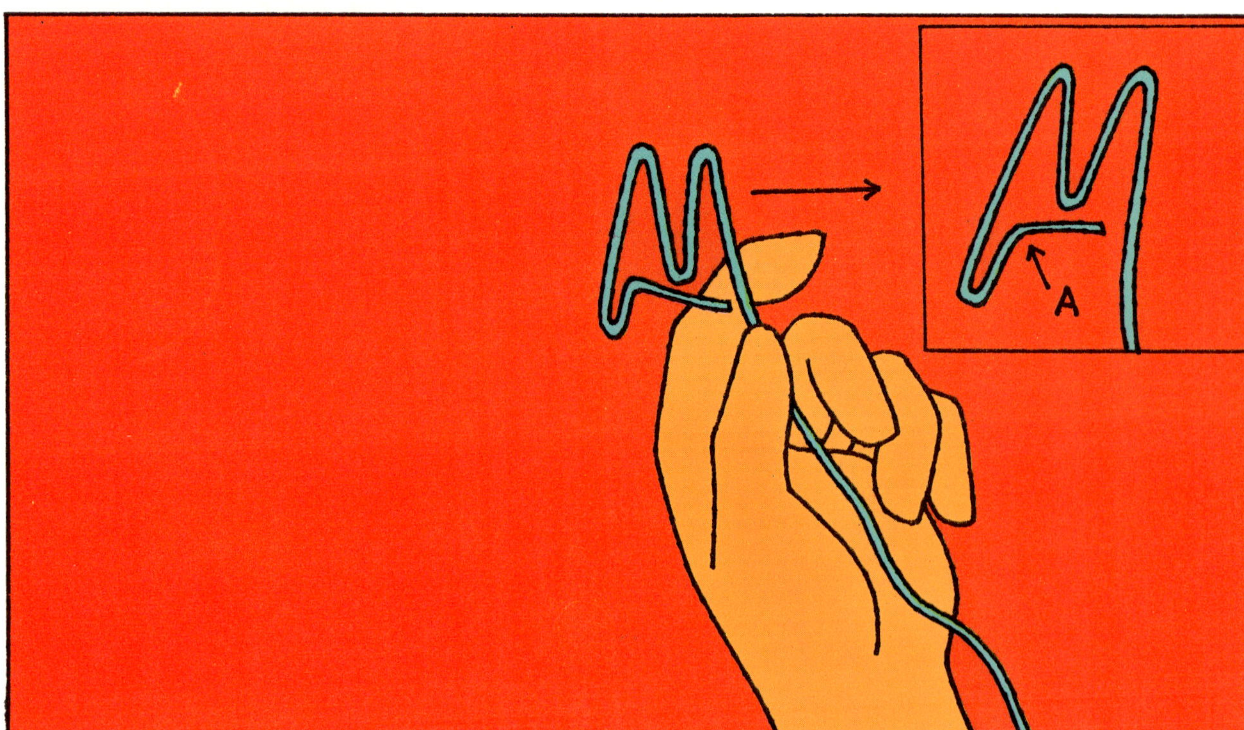

Maria
Ana
Carmen

MATERIAL:

- Korken
- Kugeln aus Kork oder Kunststoff in vier verschiedenen Größen
- große runde Korkstücke
- dünner Draht
- Reißzwecken
- Nylonfaden
- Zange

GLIEDER-PUPPE

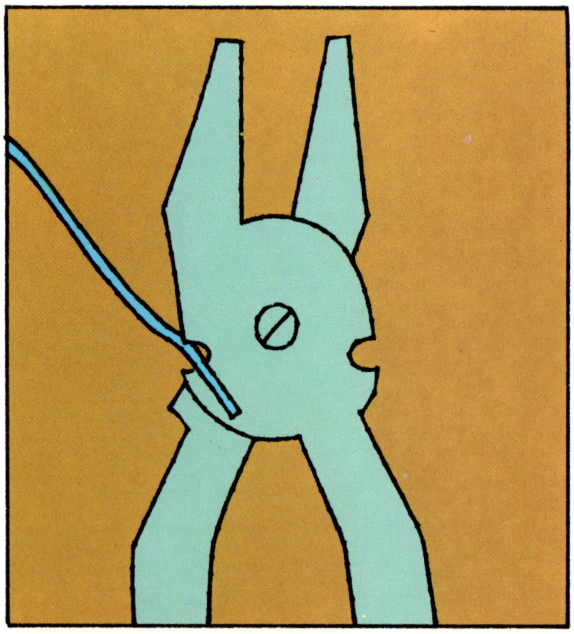

Kneife mit der Zange 59 Drahtstückchen ab, die ungefähr 3 cm lang sind.

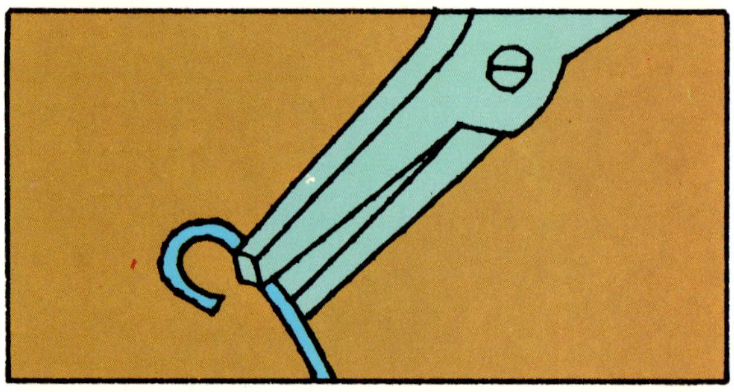

Biege mit der Zange das Ende eines Drahtstückes zu einer Öse um. Biege das Ende eines anderen Drahtstückes zu einem Haken.

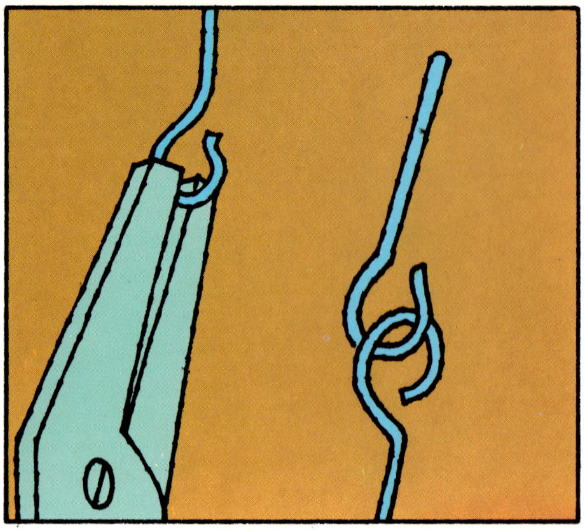

Führe den Haken durch die Öse und schließe ihn mit der Zange. Wiederhole dies mit den anderen Drahtstücken, bis Du 29 „Paare" und einen Einzelhaken hast.

Verbinde diese Drahtgelenke mit den Korken, indem Du die glatten Drahtenden in die Korken bohrst. Du kannst Dir die Arbeit erleichtern, indem Du erst die Arme, die Beine, den Körper und den Kopf bastelst und zum Schluß alle Teile zusammensetzt.

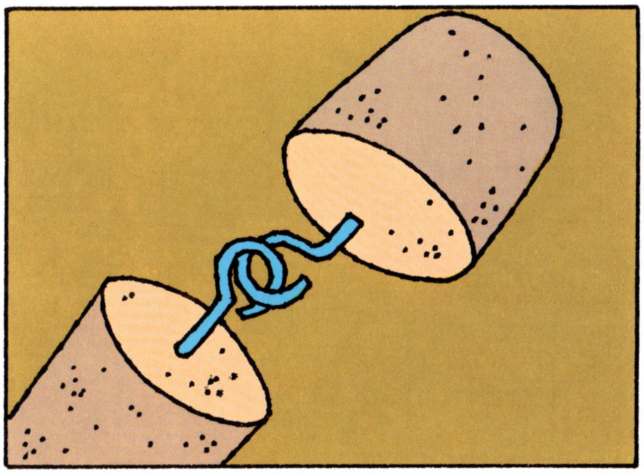

Der Kopf ist eine große Kugel, Augen und Mund sind Reißzwecken. Die Ohren und das Haar sind kleine Kugeln, die mit Drahtgelenken angehängt werden.

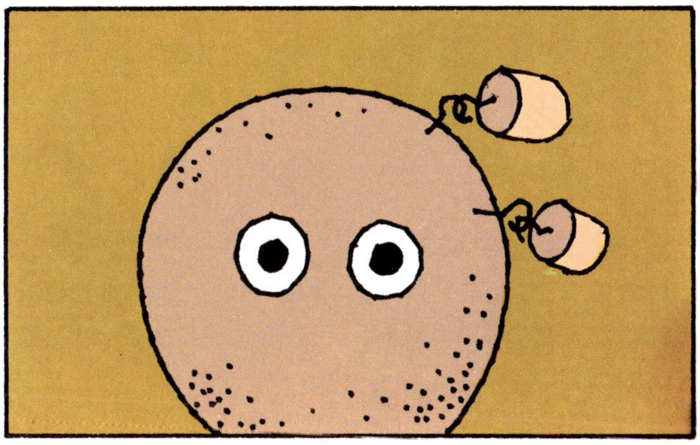

Bohre das letzte Stückchen Draht oben in den Kopf. Fädele einen Nylonfaden durch die Öse. So kannst Du die Gliederpuppe an die Wand hängen.

MATERIAL:

- Draht
- Kieselsteine
- Zange

ARMBAND AUS KIESELSTEINEN

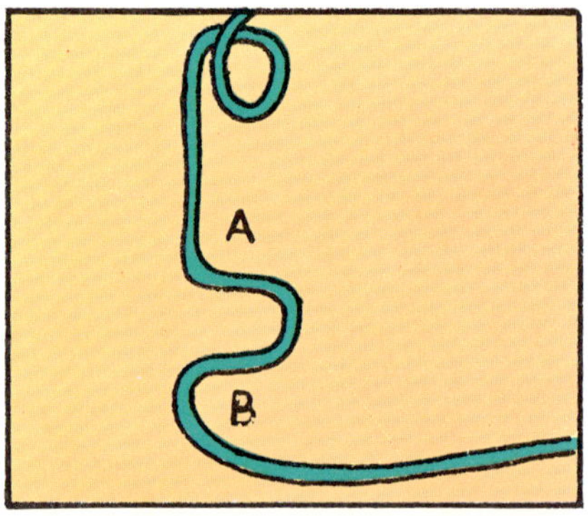

Jeder Kieselstein wird mit Draht eingefaßt: Biege den Draht so, wie Du es auf der oberen Zeichnung rechts siehst. Lege den Stein bei A und B auf.
Dann biege den Draht um den Stein.
Kneife das Ende des Drahtes ab und biege es bei C um das obere Drahtstück fest herum.

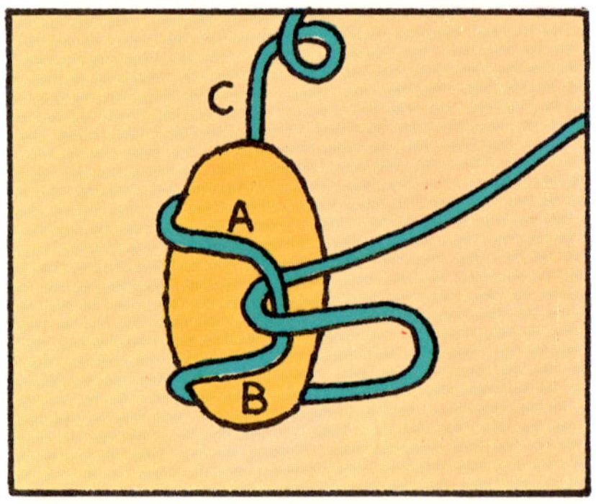

Fädele ein Stück Draht, das etwas größer ist als der Umfang Deines Handgelenkes, durch jede Schlaufe der Drahtfassungen. Dann biege die Drahtenden zu den Verschlüssen E und D um, damit Du das Armband öffnen und schließen kannst.

MATERIAL:

- **Kugel aus Kork oder Kunststoff**
- **Holzstäbchen**
- **Rechteck aus dickem Kork**
- **kleine Korken**
- **Faden, Draht und Klebstoff**
- **Zange, Schraubenzieher, Schere**
- **weiße Reißzwecken und Krampen**

KARUSSEL

Steche mit einem Schraubenzieher in der Mitte der Korkplatte eine Kerbe aus. Die Öffnung muß so groß sein, daß Du ein Ende des Holzstäbchens hineinstecken kannst. Klebe es mit Klebstoff fest. Das ist der Ständer für das Karussell.

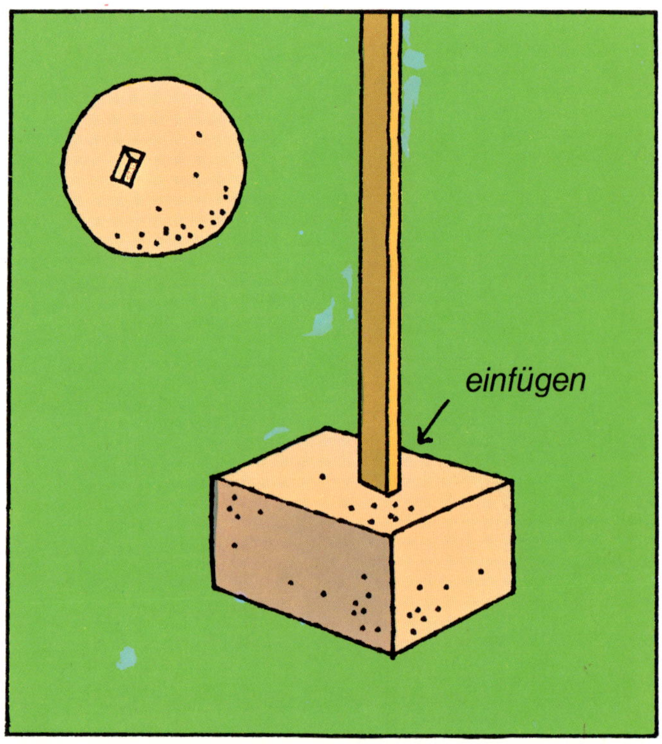

Jetzt steche in der Mitte einer Korkkugel eine gleich große Öffnung für das andere Ende des Holzstäbchens aus.

Kneife 12 Drahtstücke ab, die je 12 cm lang sind.

Biege mit der Zange ein Ende jedes Drahtstückes um.

Bohre die glatten Enden der Drahtstücke oben in die Kugel.

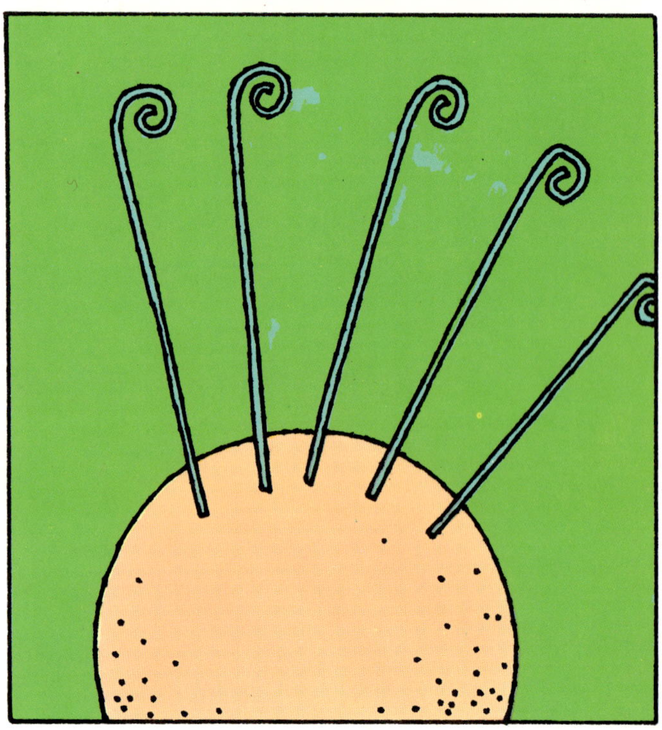

Pinne überall auf die Kugel weiße Reißzwecken.

Jetzt brauchst Du 12 Krampen, die in Eisenwarengeschäften zur Befestigung von Telefon- oder Lichtkabeln verkauft werden, und 12 kleine Korken.

Bohre immer eine Krampe in die Mitte der größeren Scheibe der Korken. Dann schneide 12 weiße Fäden in verschiedenen Größen ab. Befestige jeweils ein Ende an den Krampen und das andere Ende an den Drahtösen.

MATERIAL:

- dicker Kupferdraht
- Zange und Säge
- Holz
- Klebstoff
- Pinsel
- Farbe
- Wasser, Becher und Lappen

PUPPENSCHAUKEL

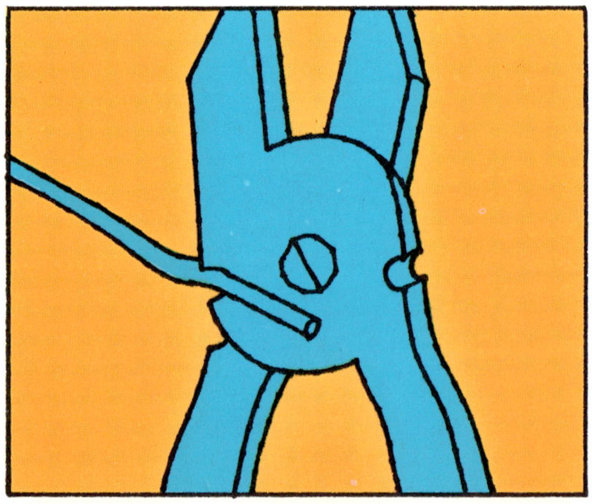

Kneife ein 85 cm langes Stück Kupferdraht ab.
Biege den Draht mit der Zange so, wie es die Vorlage zeigt. Biege die Enden um.

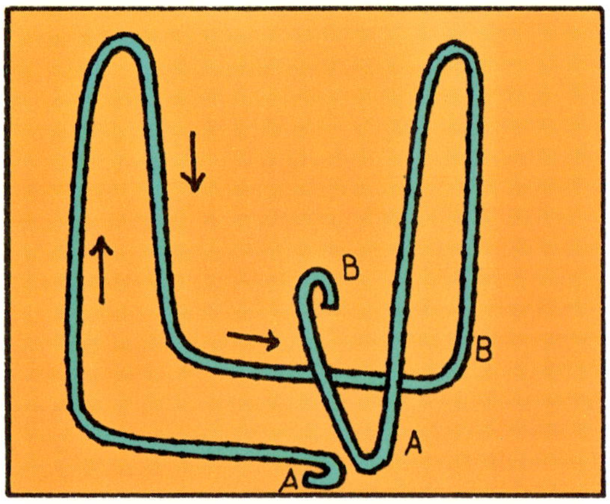

Befestige den Haken A in der Biegung A und den Haken B in der Biegung B. Drücke mit der Zange die Haken zu, damit das Gerüst der Schaukel fest steht.

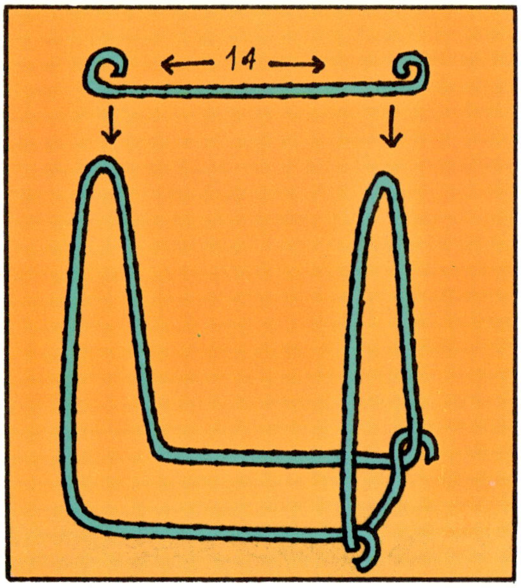

Kneife ein 14 cm langes Stück Draht ab und biege die Enden um.
Der Draht wird als Querstange oben in das Gerüst eingehängt.

Säge zwei Stücke Holz mit den in der Zeichnung angegebenen Maßen aus.
Säge mit der Laubsäge in eines der Holzstücke zwei kleine halbrunde Öffnungen.
Streiche die beiden Holzstücke rot an.

Laß die Farbe trocknen.

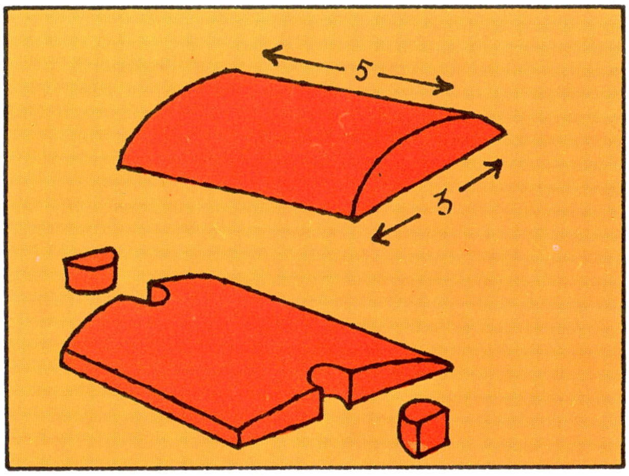

Klebe die beiden Holzstücke an ihren langen Kanten zusammen.

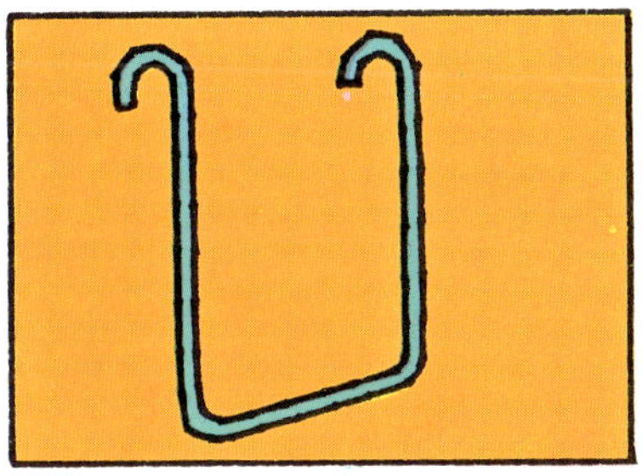

Kneife ein 27 cm langes Stück Draht ab. Biege es so, wie Du es auf der Zeichnung siehst.
Zum Schluß befestige darauf den Sitz.
Nun hänge den Draht an die Querstange.

MATERIAL:
- 5 mm dicke Korkplatte
- 17 Korken
- scharfes Messer und Zirkel
- Emailfarbe in verschiedenen Farben
- Pinsel, Terpentin, Lappen und Klebstoff

PLASTIK AUS KORK

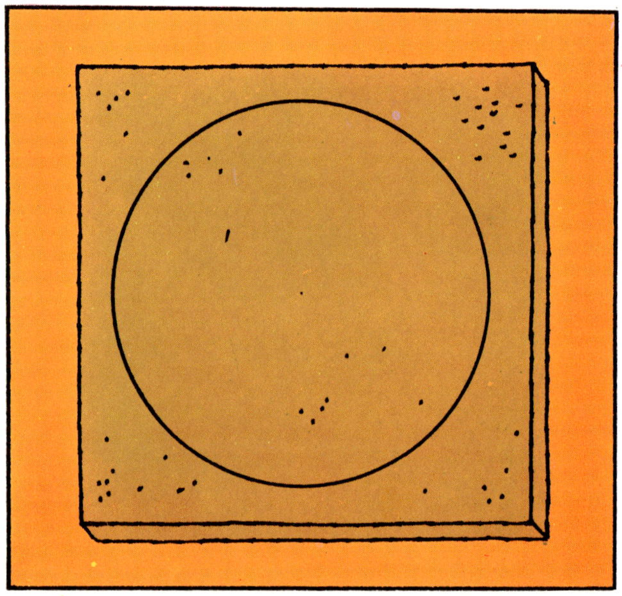

Zeichne auf eine Korkplatte einen Kreis (auf der Vorlage hat der Kreis einen Durchmesser von 14 cm).
Da die Korkplatte nur 5 mm dick ist, kannst Du den Kreis leicht mit einem scharfen Messer ausschneiden. Streiche eine der Kreisflächen und die Kante grau an.
Laß die Farbe trocknen und reinige den Pinsel mit Terpentin und einem Lappen.
Der Pinsel muß jedesmal, wenn Du eine neue Farbe verwendest, gereinigt werden.

Die 17 Korken sollten eine Höhe von ungefähr 4 cm und einen Durchmesser von 2,5 cm haben. Male zwei rot, einen blau und drei weiß an.
Laß die Farbe trocknen.
Schneide fünf andere Korken in der Mitte durch. Du erhältst dann 10 Korken von 2 cm Höhe. Male vier rot, einen blau, einen schwarz, einen gelb und drei weiß an.

Nun sind nur noch sechs Korken übrig. Schneide sie einen Zentimeter unterhalb der Oberkante durch, so daß Du 6 Korken von 3 cm Höhe erhältst. Male die Korken, die 3 cm hoch sind, farbig an: vier rot, einen blau und einen weiß. Von den 1 cm hohen Korken werden einer gelb, zwei blau, einer rot und zwei weiß angemalt.

Laß sie trocknen und kombiniere sie nach Farben und Größe.

Wenn Dir die Kombination auf der Vorlage gefällt, richte Dich nach ihr.
Wenn Dir eine andere Kombination besser gefällt, klebe diese auf.

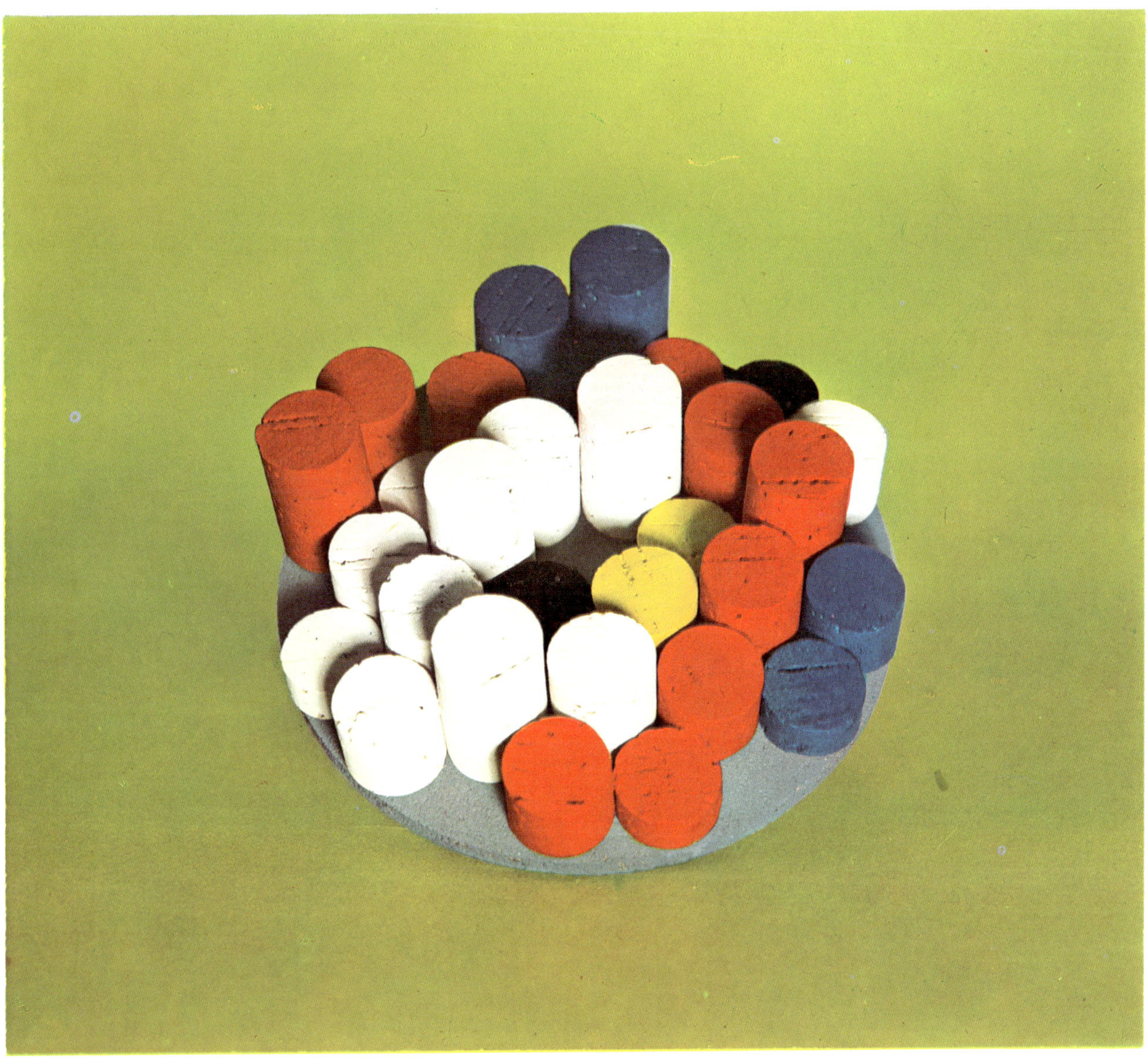

MATERIAL:
- Sperrholzplatte
- Bleistift und Pinsel
- Pauspapier
- Säge und Hammer
- Nägel mit flachen Köpfen
- Sandpapier
- Klebstoff

AUTO

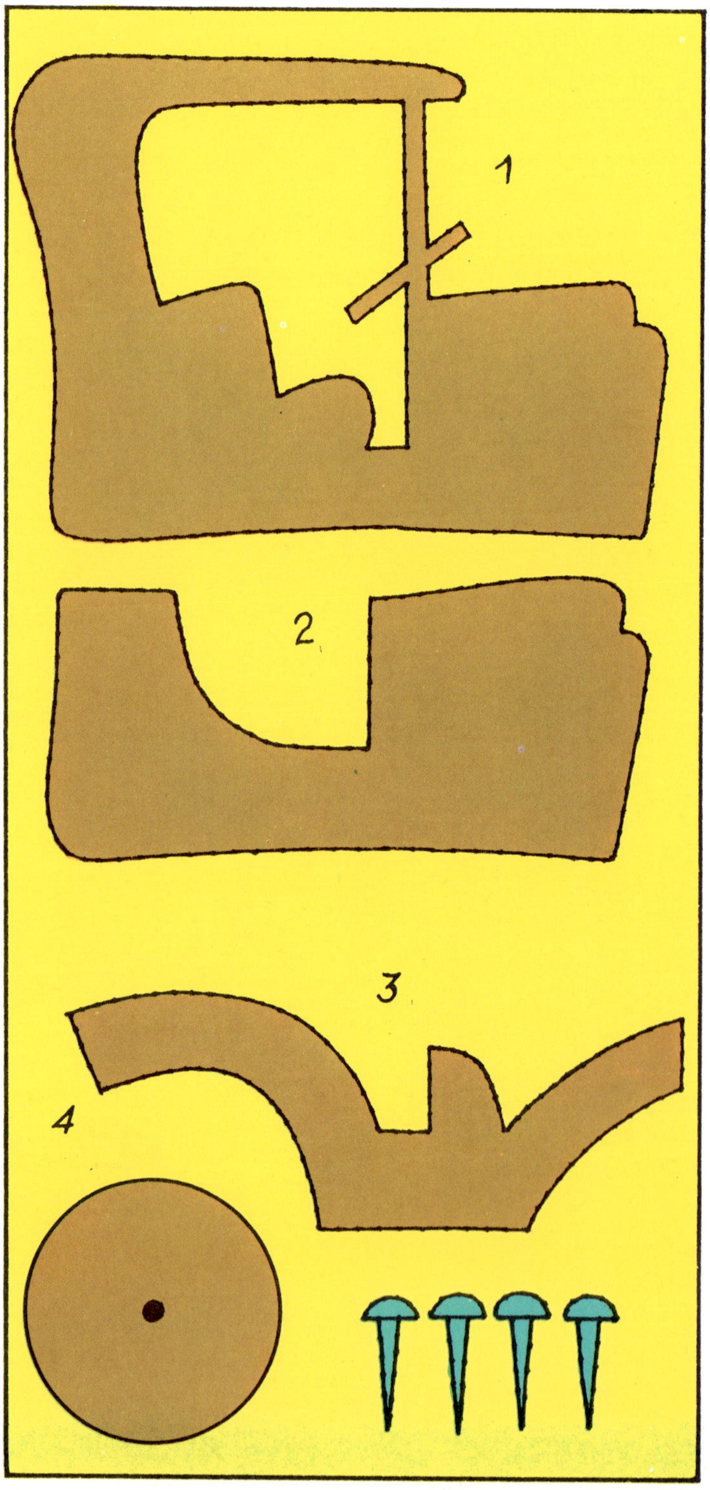

Pause auf Sperrholz Teil 1 durch. Pause die Vorlagen 2 und 3 zweimal durch.
Zum Schluß pause das Rad 4 viermal durch.

Säge alle Teile mit einer Säge aus. Schmirgele sie mit Sandpapier ab, damit sie glatt sind.

Klebe die Teile 2 an jeder Seite von Teil 1 an.

Nagele die Räder an den richtigen Stellen an.

Klebe die Kotflügel über den Rädern an.

Du kannst das Auto mit Farbe anstreichen. Es sieht aber auch in Naturholz mit einer Wachsschicht darüber hübsch aus.

MATERIAL:
- **Stück Holz**
- **rundes Holzstäbchen**
- **Bohrer**
- **Buntpapier**
- **Klebstoff**
- **Filzstifte**
- **Schere**

KREISELSPIEL

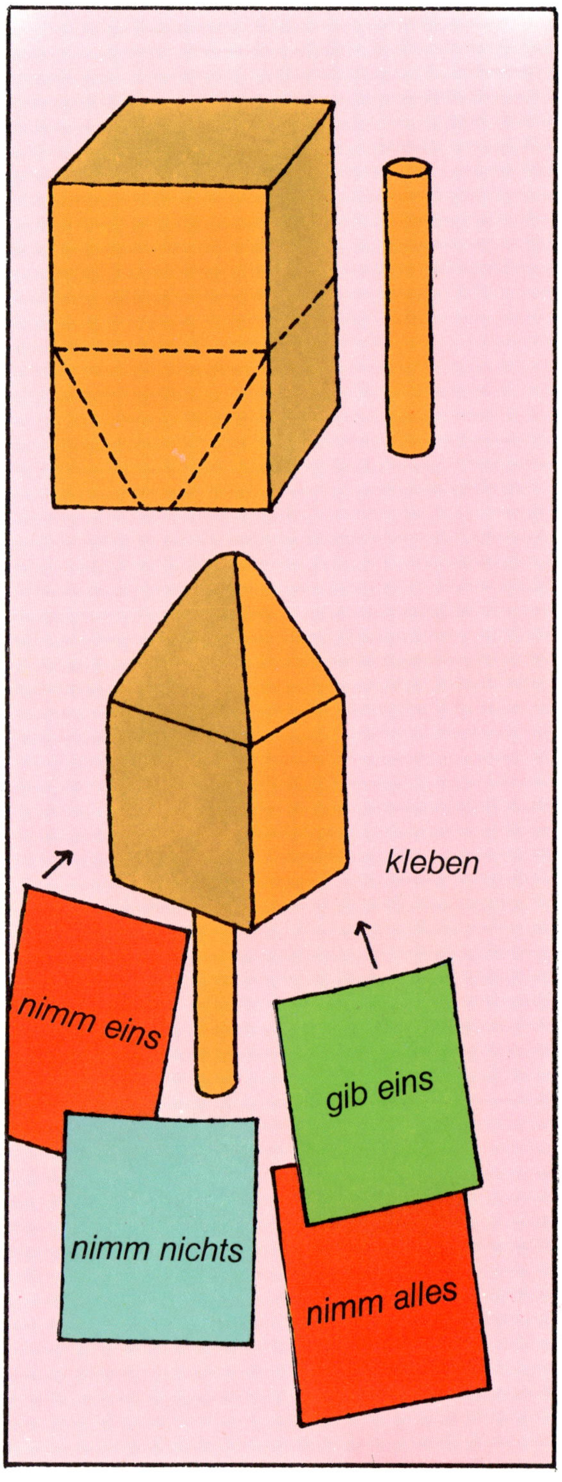

Nimm eine Holzleiste mit quadratischem Querschnitt (3 x 3 cm) und säge davon 4,5 cm ab.
Bohre genau in die Mitte einer quadratischen Fläche ein Loch. Es muß so groß sein, daß das Holzstäbchen hineinpaßt.
Zeichne auf jede Seitenfläche des Holzstückes ein Dreieck. Die Spitze des Dreieckes muß jedesmal auf einer Unterkante des Holzstückes liegen, wie auf der Abbildung rechts.
Spitze das Holzstück unten an, als ob es ein dicker Bleistift wäre.
Schneide aus Buntpapier Rechtecke aus, welche die Maße der Seitenflächen des Kreisels haben. Schreibe dann auf die Rechtecke in großen Buchstaben: GIB EINS, NIMM EINS, NIMM ALLES, NIMM NICHTS.
Klebe die Rechtecke auf die Seitenflächen des Kreisels.
Stecke das Holzstäbchen in das Loch des Kreisels.
Das Spiel hat folgende Regeln: Auf dem Tisch liegen viele Spielchips. Einer der Spieler hält mit zwei Fingern das Holzstäbchen senkrecht. Dann dreht er das Stäbchen und läßt den Kreisel tanzen, bis er zur Seite fällt. Was der Kreisel anzeigt, muß der Spieler tun. Wer nach 10 oder 20 Runden die meisten Chips hat, ist Sieger.

gib eins
nimm eins

MATERIAL:

- Sperrholz
- großer, dicker Korken
- drei kurze, dicke Korken
- kleine Korkplatte
- Stecknadeln mit bunten Glasköpfen
- scharfes Messer
- schwarzer Filzstift
- Spiraldraht
- Draht
- Zahnstocher
- Reißzwecken
- Schere
- Zange
- Säge
- Klebstoff
- weißes Papier
- Pinsel, Farbe

RENN-WAGEN

Schneide einen 6 cm langen Korken in der Mitte von oben nach unten durch. Die eine Hälfte ist das Vorderteil des Wagens.
Für den hinteren Teil des Rennwagens schneide einen dicken, 3,5 cm langen Korken in der Mitte von oben nach unten durch.
Male die beiden Teile gelb an.
Halbiere die beiden anderen dicken Korken quer. Die beiden schmalen Hälften sind die Vorderräder, die beiden dickeren Hälften die Hinterräder. Male sie schwarz an.
Säge aus Sperrholz ein Rechteck von der Größe 13 x 3 cm. Streiche es gelb an.
Klebe darauf das Heck des Rennwagens, das Du vorher mit einem 11 cm langen Draht durchbohrt hast. Dies soll die Hinterachse sein.
Stecke ein gleich großes Stück Draht durch die Hälfte des großen Korkens und klebe dann das Vorderteil auf die Platte.
Kneife mit der Zange mehrere Stücke Spiraldraht ab und schiebe die Spiralen auf die Achsen. Dann stecke die Räder auf und zuletzt wieder Spiraldraht.

Der Fahrersitz besteht aus zwei Korkplatten.

Die Auspuffrohre sind vier schwarz angemalte Zahnstocher.
Die Windschutzscheibe besteht aus einem gebogenen Draht.
Eine schwarz angemalte Reißzwecke ist das Lenkrad.
Scheinwerfer und Gangschaltung sind Stecknadeln mit bunten Köpfen.
Die Startnummer wird mit schwarzem Filzstift auf eine weiße Papierscheibe geschrieben.

MATERIAL:
- Sperrholz
- 5 mm dicke Korkplatte
- Zirkel und Lineal
- Klebstoff
- rote Farbe und Pinsel
- scharfes Messer

WANDRELIEF

Säge aus Sperrholz ein Rechteck von der Größe 27 x 13 cm aus.

Zeichne auf die Korkplatte vier Kreise mit einem Durchmesser von 3 cm. Schneide sie aus. Male zwei von ihnen rot an. Halbiere sie.

Dann zeichne auf die Korkplatte zwei Kreise, die einen Durchmesser von 6 cm haben. Male einen Kreis rot an und halbiere beide Kreise.

Lege die Halbkreise auf die Sperrholzplatte. Ordne sie so an, wie Du es auf dem Bild siehst. Zum Schluß werden die Halbkreise mit Klebstoff festgeklebt. Versuche, Dir noch andere Wandreliefs auszudenken.

MATERIAL:

- großer Korken
  5 mm dicke Korkplatte
- zwei Kugeln aus Kork oder Kunststoff von verschiedener Größe
- zwei Stückchen Draht
- zwei schwarze Reißzwecken
- scharfes Messer und Schere
- neun Zahnstocher
- Temperafarbe, Pinsel und Bleistift

TAUBE

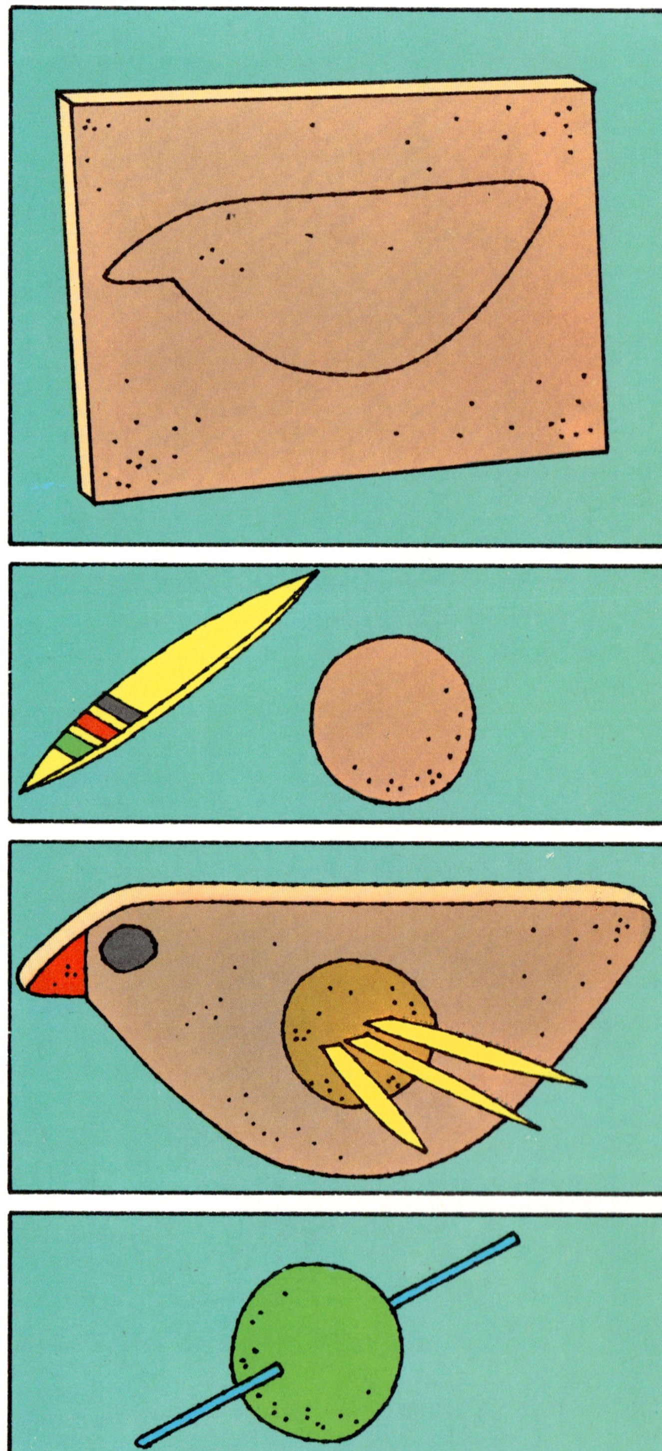

Zeichne eine Taube auf die Korkplatte und schneide sie mit der Schere aus.

Zeichne auf den Rumpf einen Kreis, der genauso groß sein muß wie die kleine Korkkugel, und schneide ihn aus.

Stecke die Kugel in die Öffnung. Sie muß von selber halten. Du kannst sie notfalls festkleben.

Tupfe auf jeweils ein Ende der Zahnstocher etwas grüne, rote und schwarze Farbe. Dann bohre drei Zahnstocher als Schwanz in den Rumpf der Taube und die anderen in die kleine Kugel aus Kork, wie es das Bild zeigt.

Die große Kugel aus Kork wird grün angemalt. Den Schnabel der Taube male rot an.
Die Augen sind zwei schwarz angemalte Reißzwecken.

Bohre durch die grüne Kugel ein Stück Draht und stecke ein Ende in den Rumpf der Taube und das andere Ende in die Mitte des Korken.

MATERIAL:

- Kugeln
- Draht
- Zange
- Lineal

FIGUR AUS DREIECKEN

Kneife 21 zehn Zentimeter lange Drahtstücke ab.
Bastle ein Dreieck aus drei Drahtstücken und drei Kugeln aus Kork, indem Du den Draht in die Kugeln steckst.

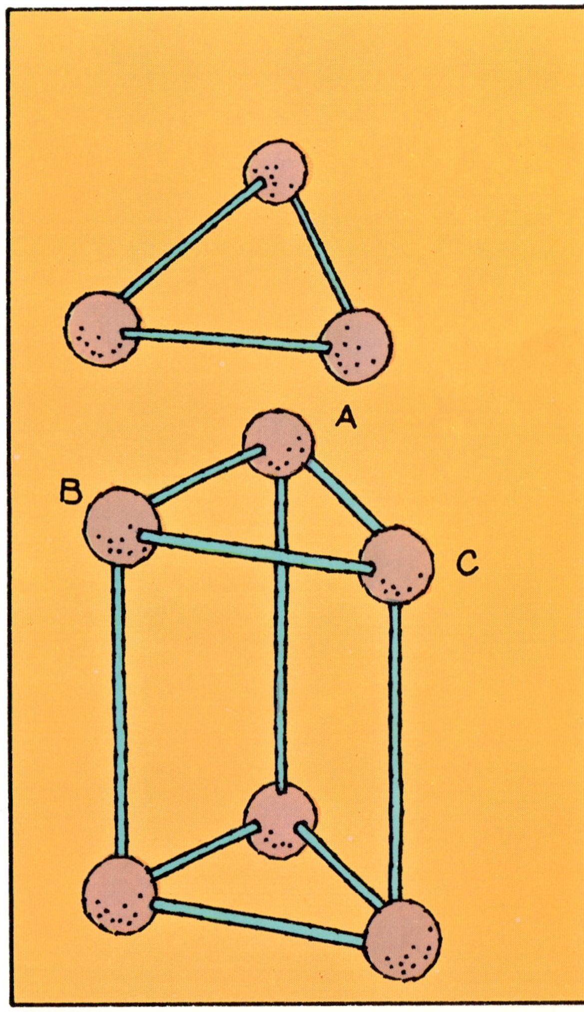

Lege das Dreieck auf eine glatte Fläche und stecke senkrecht in die Kugeln drei neue Drahtstücke. Dann setze ein zweites Dreieck darauf.

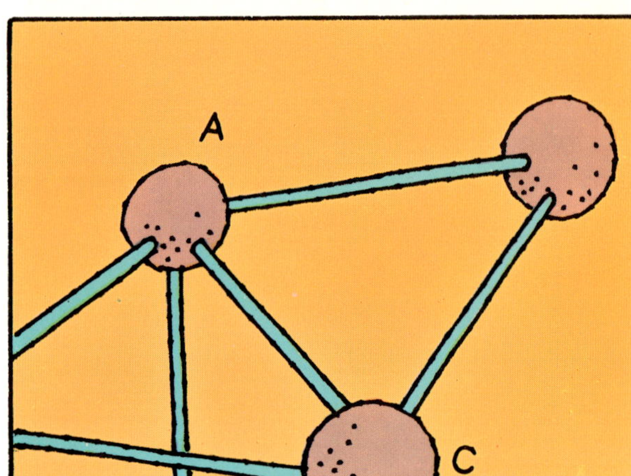

Bastle eine zweite Figur, die Du mit der Seite A B verbindest.
Ein anderes Dreieck stecke an die Seite B C und ein weiteres an die Seite A C.

MATERIAL:

- vier Kugeln aus Kork oder Kunststoff
- zwei große Korken
- 60 cm Spiraldraht
- 50 cm feiner Draht
- rote, weiße, blaue Farbe, schwarzer Filzstift
- zwei Stecknadeln mit blauen Köpfen
- Zange, dünner Nagel oder Stricknadel

SEILTÄNZER

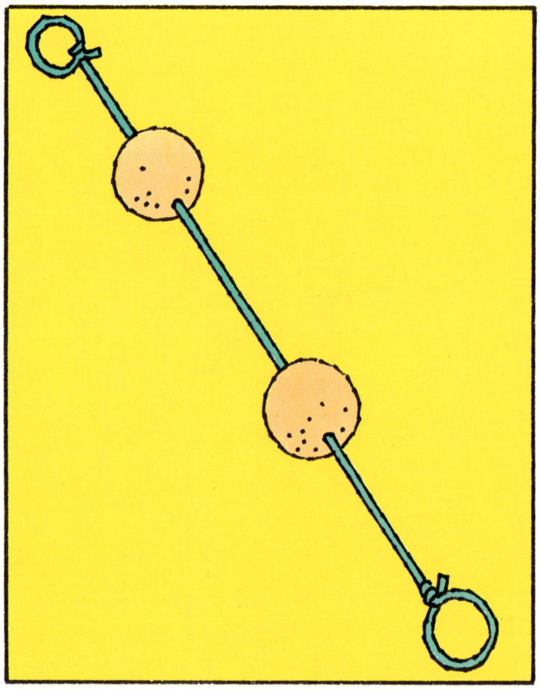

Durchbohre zwei Kugeln mit einem dünnen Nagel oder einer Stricknadel. Stecke ein 40 cm langes Drahtstück durch die Kugeln und biege seine Enden zu Schlaufen um. Die Schlaufen sollen ungefähr so groß wie die Kugeln sein. Die Kugeln sitzen 7 cm von den Drahtschlaufen entfernt.

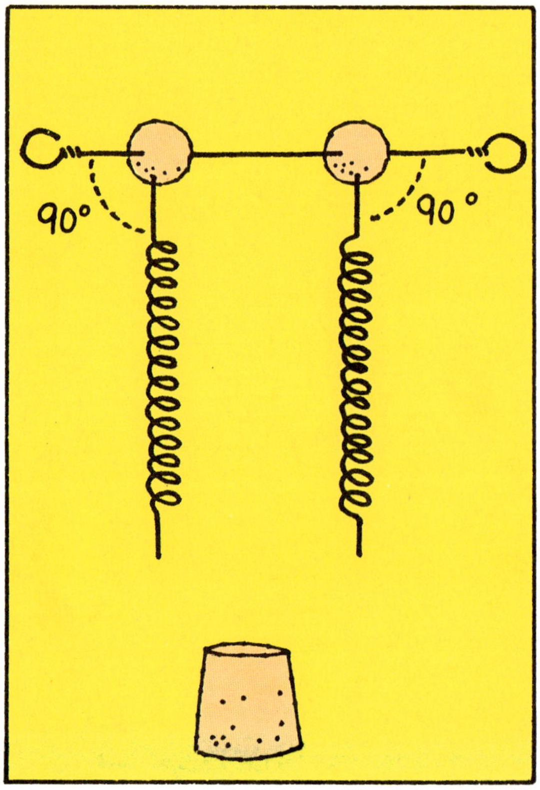

Kneife zwei 13 cm lange Stücke Spiraldraht ab. Ziehe mit der Zange jeweils 1 cm der Enden glatt.

Bohre jeweils ein Ende in eine Kugel. Spiraldraht und Querstange müssen in einem Winkel von 90° zueinander stehen.

Biege den Spiraldraht und bohre ihn in die Seiten eines Korkens. Jetzt sind Arme und Rumpf des Seiltänzers fertig.

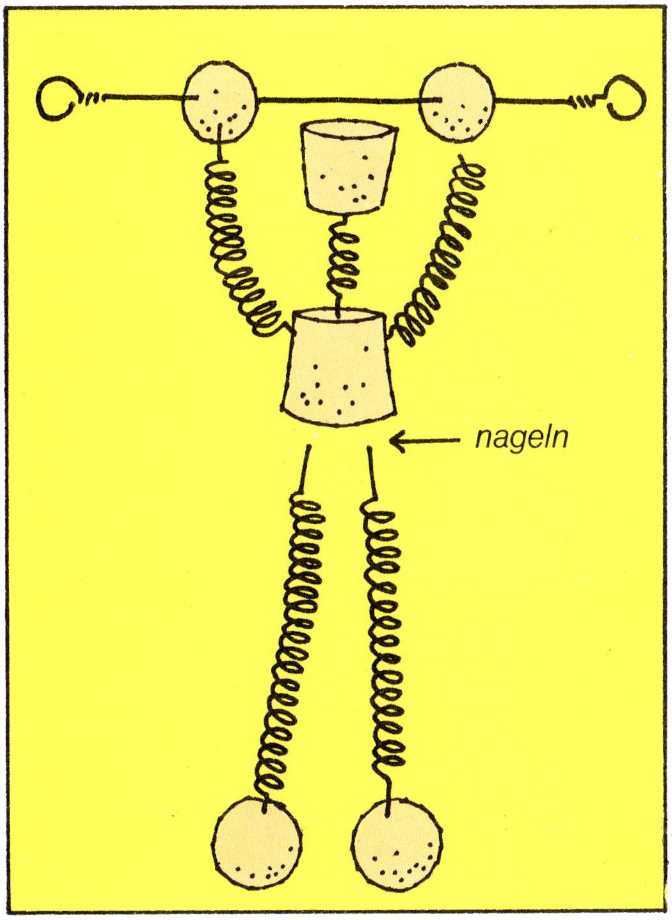

Der zweite Korken ist der Kopf. Kopf und Rumpf werden mit einem 6 cm langen Stück Spiraldraht verbunden.

Als Beine werden in den Rumpf zwei 14 cm lange Stücke Spiraldraht gebohrt, deren Enden vorher mit der Zange glatt gezogen wurden.

Die Füße sind zwei Kugeln aus Kork oder Kunststoff.

Zum Schluß male den Seiltänzer an.

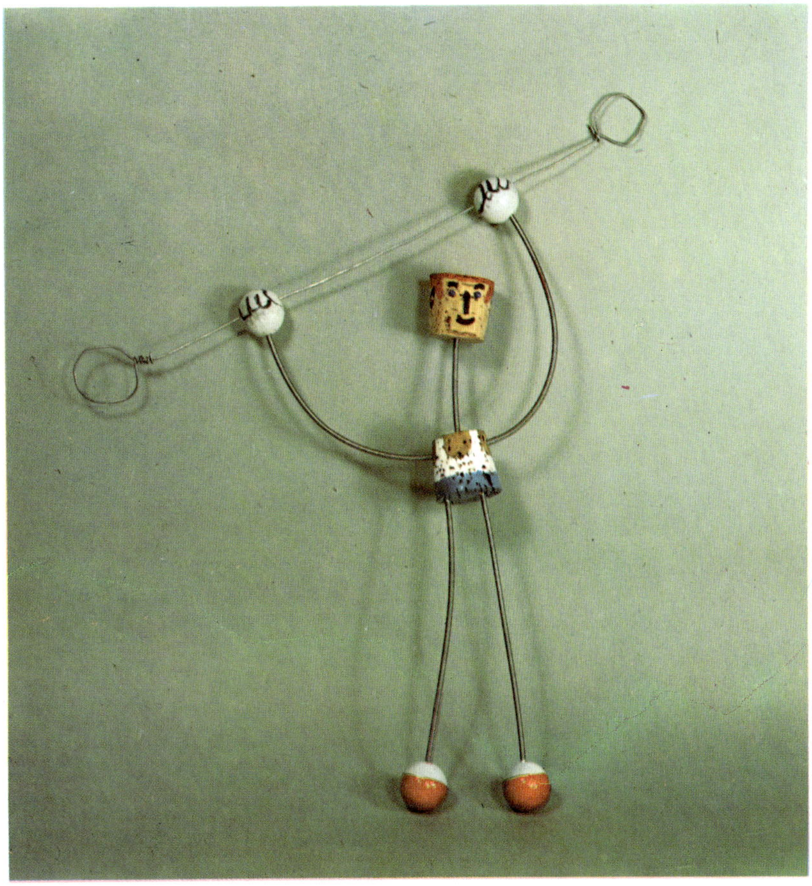

MATERIAL:

- Holzstück, Größe 10 x 7 x 2 cm
- sieben Holzplättchen 6 x 4 x 1 cm
- Klebstoff
- grünes und rotes Glanzpapier
- Schere

TURM

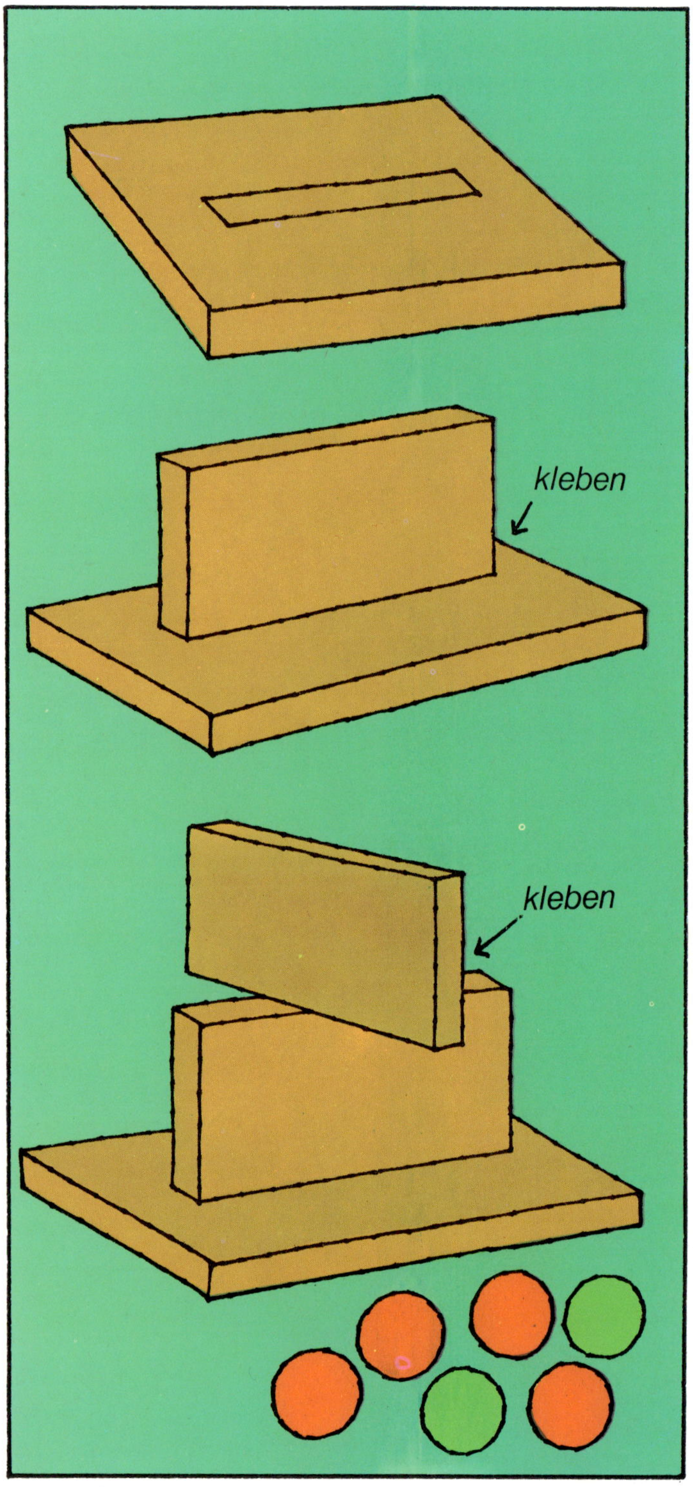

Zeichne ein Rechteck von der Größe 6 x 1 cm in die Mitte des großen Holzstückes, wie es das Modell zeigt. Klebe auf das gezeichnete Rechteck ein Holzplättchen von der Größe 6 x 4 x 1 cm.

Setze auf die Mitte dieses Holzplättchens ein anderes, um etwa 45 Grad gedreht. Klebe es so fest.

Setze die anderen fünf Holzplättchen senkrecht übereinander und drehe jedes wiederum etwa um 45 Grad zu dem unteren.

Schneide aus grünem und rotem Glanzpapier je sieben Kreise mit einem Durchmesser von 1,5 cm aus.

Klebe die Kreise nicht weit von den Seitenkanten entfernt auf beide Seiten der Holzplättchen, rot und grün immer gegeneinander.

PUPPE

MATERIAL:

- **Holzleiste, Größe 12 x 2 x 2 cm**
- **Holzleiste, Größe 55 x 1,5 x 1 cm**
- **zwei Holzstücke, Größe 5 x 2 x 0,5 cm**
- **Holzplättchen, Größe 5 x 3,5 x 0,3 cm**
- **rundes Stück Holz, 7 cm Länge, 3 cm Durchmesser**
- **Holzspäne, Klebstoff, schwarzer Filzstift**
- **Säge, Draht, dünner Bohrer, Zange**

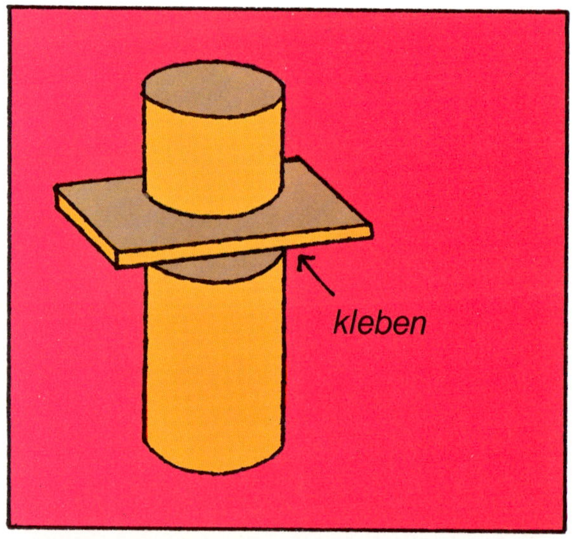

Säge das runde Stück Holz in zwei Teile; das eine Stück soll 5 cm, das andere 2 cm lang sein.

Klebe die beiden Teile mit dem Holzplättchen dazwischen wieder zusammen. So hast Du Hut und Kopf der Puppe.

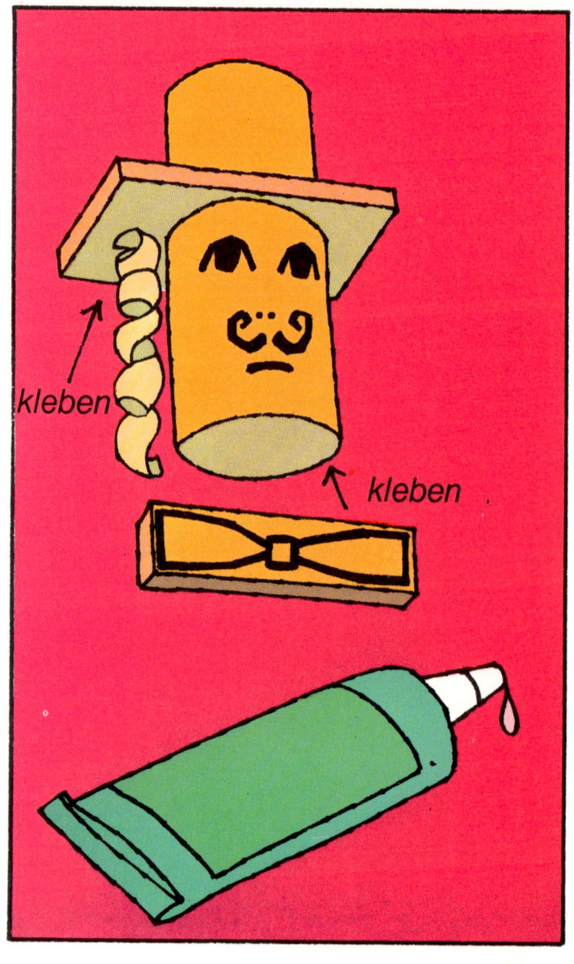

Klebe Holzspäne unter dem Hutrand fest – schon sind die Haare fertig. Zuletzt wird mit schwarzem Filzstift das Gesicht gezeichnet.

Klebe unter den Kopf eine Holzleiste von der Größe 5 x 1,5 x 1 cm, wie auf dem Bild zu sehen ist. Zeichne darauf eine Schleife.

Durchbohre mit einem dünnen Bohrer die Holzleiste der Größe 12 x 2 x 2 cm, 2 cm von den Enden entfernt.

Nun säge zwei Holzleisten von je 10 x 1,5 x 1 cm ab. Durchbohre sie auf die gleiche Weise, aber nur an einem Ende.

Lege die dicke Leiste zwischen die dünnen Leisten und achte darauf, daß die gebohrten Löcher übereinanderliegen. Stecke einen dünnen Draht durch die Löcher und biege ihn an den Enden zur Seite, damit die Leisten sich um die Drahtachse drehen können. Dies sind Rumpf und Arme der Puppe.

Die Beine sind zwei 15 cm lange Leisten, die ebenso dick sind wie die Arme. Durchbohre sie jeweils an einem Ende und befestige sie mit Draht unten am Rumpf der Puppe.

Klebe zwei dünne Holzstücke von je 5 x 2 x 0,5 cm als Füße an die Beine.

Klebe den Rumpf an den Hals.

Bemale die Puppe mit dem Filzstift, wie das Modell zeigt.

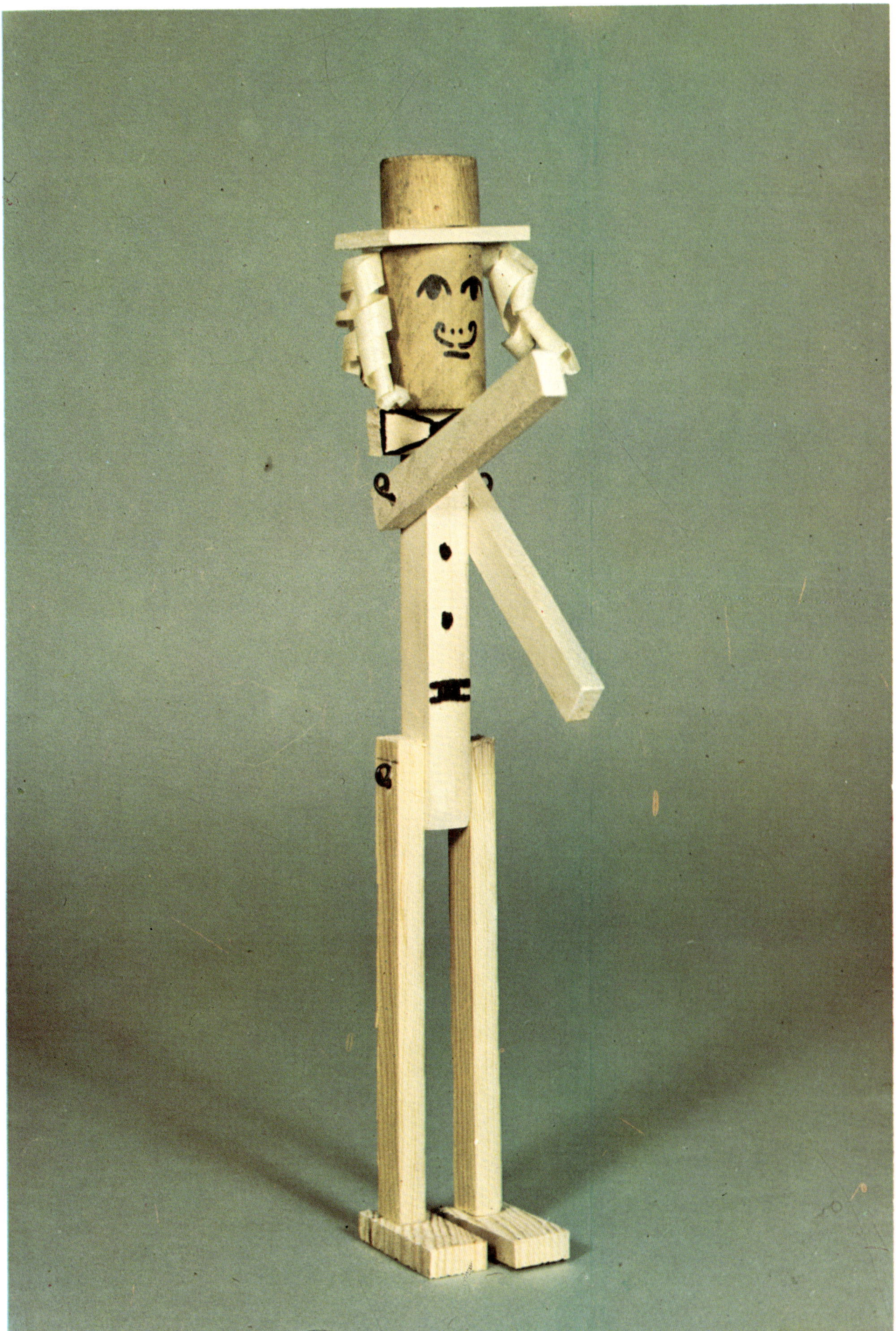

MATERIAL:

- **Sperrholz**
- **5 mm dicke Korkplatte**
- **weiße Reißzwecken**
- **Farbe und Pinsel**
- **Korken gleicher Größe, Zahnstocher**
- **Messer, Lineal und Bleistift**

WANDSCHMUCK

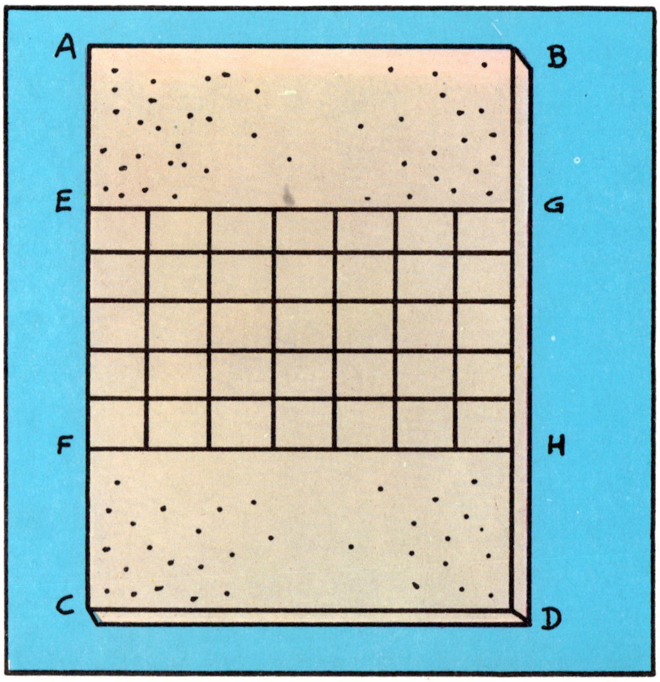

Fertige aus Sperrholz ein Rechteck an und streiche es blau an.

Schneide aus Kork ein Rechteck, das kleiner als die Sperrholzplatte ist. Teile mit dem Lineal die Seite AC der Korkfläche in drei gleich lange Teile und zeichne die Punkte E und F mit Bleistift ein. Zeichne entsprechend G und H auf der Seite BD ein. Verbinde die Punkte E und G und FH durch Bleistiftstriche.

Teile EG und FH in je sieben gleiche Teile. Verbinde die Teilungspunkte miteinander. Teile BF und GH in fünf gleiche Teile und verbinde auch diese Teilungspunkte. Jetzt hast Du 35 kleine Kästchen.

Du kannst 35 Korken verwenden, aber – wenn Du willst – auch weniger, je nachdem, wie Du Dein Relief zusammenstellen möchtest. Male die großen Flächen der Korken bunt an. Stecke in die kleineren Flächen der Korken je einen Zahnstocher bis zur Hälfte. Befestige die Korken mit den anderen Enden der Zahnstocher in der Mitte der Kästchen. Wähle die Farben, wie es Dir gefällt.

Die Korkplatte kannst Du auf der Sperrholzplatte festkleben oder mit zwei weißen Reißzwecken festpinnen.

MATERIAL:

- Sperrholz
- buntes Bild aus einer Illustrierten oder eine Postkarte
- Bleistift und Pinsel
- Klebstoff
- Laubsäge, Schere
- Sandpapier

PUZZLESPIEL

Säge eine Sperrholzplatte zurecht, die genauso groß ist wie das Bild oder die Postkarte.
Klebe das Bild auf die Sperrholzplatte und achte darauf, daß keine Kante übersteht.

Zeichne auf die Rückseite der Sperrholzplatte unregelmäßige Linien.
Säge mit der Laubsäge den Linien nach.
Schmirgle mit Sandpapier die Sägekanten der einzelnen Teile glatt.
Vermische die Teile und versuche dann, das ursprüngliche Bild wieder zusammenzusetzen.

MATERIAL:

- dickes rundes Holzstück
- dünnes rundes Holzstück
- Messer, Bohrer, Zirkel
- Klebstoff
- Pinsel und Schere
- weißer Karton
- Farbstifte

BUNTER KREISEL

Nimm ein rundes Stück Holz (B) und ein dünnes Stäbchen (A). Bohre in die Mitte der Fläche B ein Loch. Es muß so groß sein, daß das Stäbchen A hineinpaßt.
Spitze das runde Holzstück mit einem Messer an seiner unteren Hälfte wie einen dicken Bleistift an. Jetzt leime das Stäbchen in dem Loch fest. Es muß ganz gerade stehen.

Zeichne auf weißem Karton mehrere Kreise. Schneide sie aus. Bemale die Scheiben mit bunten Filzstiften. Du kannst auch andere Farben als die an unserem Modell wählen.
Bohre in die Mitte der Scheiben ein kleines Loch, damit sie auf das Stäbchen A gesteckt werden können.
Leime die bunten Scheiben nicht fest; dann kannst Du sie gegeneinander austauschen.
Laß den Kreisel tanzen und beobachte das Farbenspiel auf den verschiedenen Scheiben.

MATERIAL:

- Zahnstocher
- Farben: grün, schwarz, orange
- Pinsel und flacher Lackierpinsel
- dickes Holzstück
- 5 mm dicke Korkplatte
- Klebstoff, Lappen, Terpentin
- Holzstäbchen
- Bleistift
- Zirkel und Lineal
- Schere und Hammer
- Schraubenzieher

BLUME

Male ein 5mm dickes und 26 cm langes Holzstäbchen schwarz an. Es soll der Stiel für unsere Blume sein.

Zeichne in der Mitte eines dicken Holzstücks ein kleines Rechteck, in das der Stiel hineinpaßt.

Setze einen Schraubenzieher auf den gezeichneten Linien an und schlage mit dem Hammer eine rechteckige Kerbe heraus. Streiche die ganze Fläche grün an.

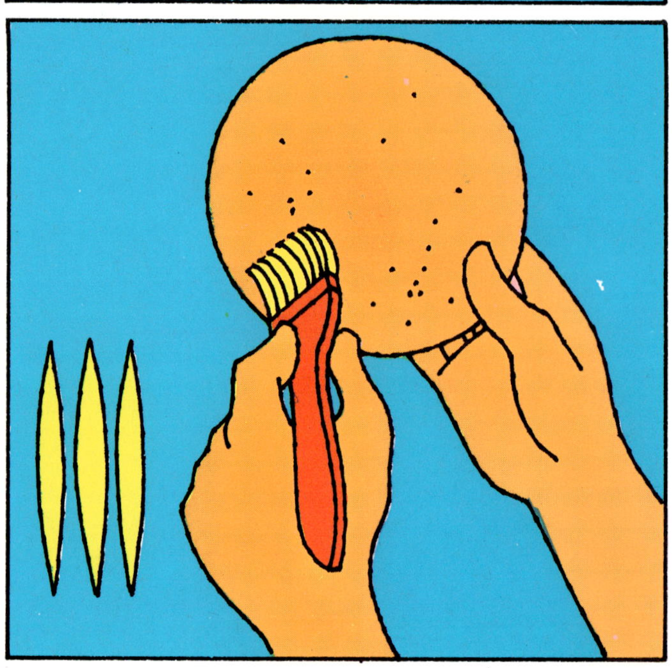

Während die Farbe trocknet, zeichne auf der Korkplatte einen Kreis von 7 cm Durchmesser.

Schneide den Kreis aus. Male die Fläche orange an.

Male 17 Zahnstocher grün oder gelb an. Reinige die Pinsel mit Terpentin und trockne sie mit einem Lappen.

Zeichne auf der nichtbemalten Seite der Scheibe die Durchmesser AB und CD ein. Unterteile jeden Viertelkreis in vier gleiche Teile. Dann schlage um den Mittelpunkt O einen Kreis von 3 cm Durchmesser.

Klebe ein Ende des Stieles auf die Linie OB.

Klebe die grünen oder gelben Zahnstocher auf die eingezeichneten Linien. Ihre Spitzen müssen den inneren Kreis berühren.

Die beiden übriggebliebenen Zahnstocher klebe als Blätter an den Stiel.

Zum Schluß stecke die Blume in die Kerbe des Holzstücks. Tupfe vorher etwas Klebstoff in die Kerbe, damit die Blume festsitzt.

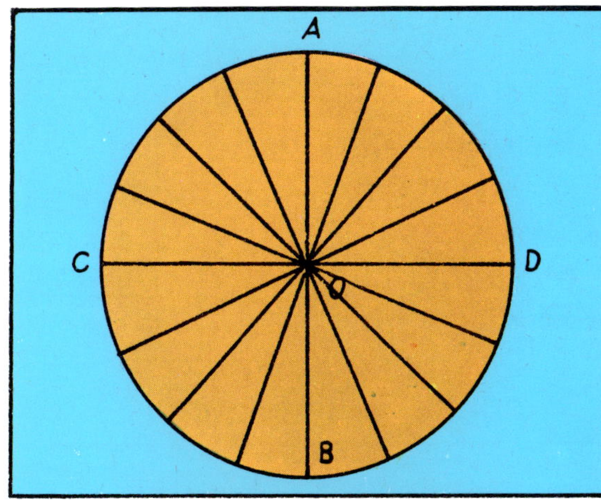

MATERIAL:

- dicker Kork
- dünne Korkplatte
- Kugeln aus Kork oder Kunststoff
- kleiner und großer Korken
- Klebstoff
- Draht und Zange
- bunte Filzstifte

EISENBAHN

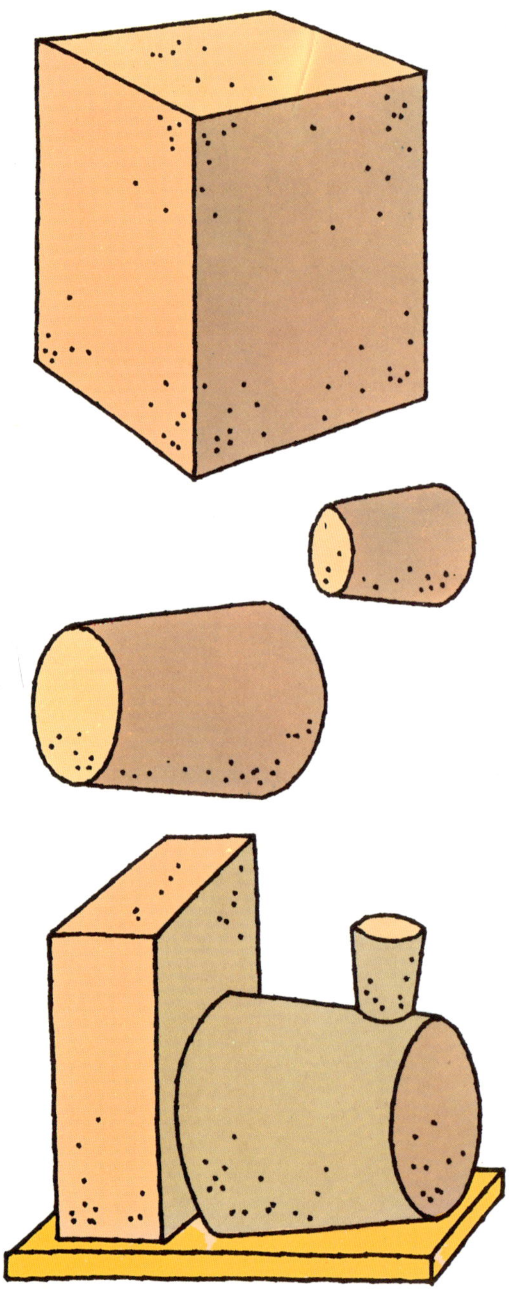

Schneide aus dickem Kork mehrere Rechtecke. Sie sollen das Fahrerhaus und die Wagen sein. Schneide so viele Rechtecke aus, wie der Zug Wagen haben soll.
Zeichne mit bunten Filzstiften die Reisenden, die an den Fenstern sitzen, so wie Du es auf dem Bild auf Seite 107 siehst.
Bemale den kleinen und den großen Korken. Sie sind Schornstein und Kessel der Lokomotive.
Klebe das Fahrerhaus und den Kessel mit dem Schornstein auf ein Rechteck aus dünnem Kork.
Den Schornstein kannst Du entweder auf dem Kessel festleimen oder, wie auf dem Bild auf Seite 107, mit einem Stück Draht feststecken.

So werden die Räder montiert: Kneife mehrere Stücke Draht ab (vier für jeden Wagen). Biege den Draht zu Schlaufen, wie es die Zeichnung zeigt.

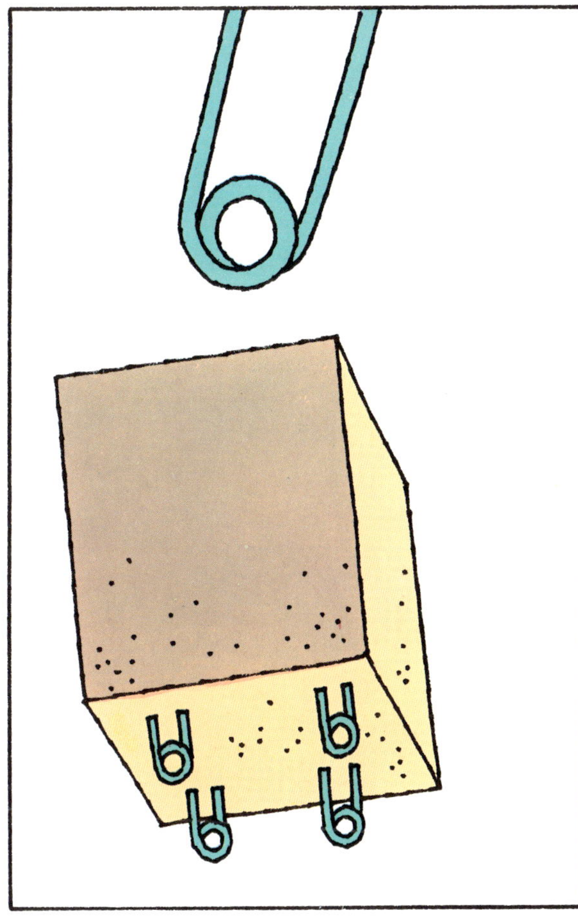

Jeweils vier Drahtstücke werden in den Boden jedes Wagens gebohrt.

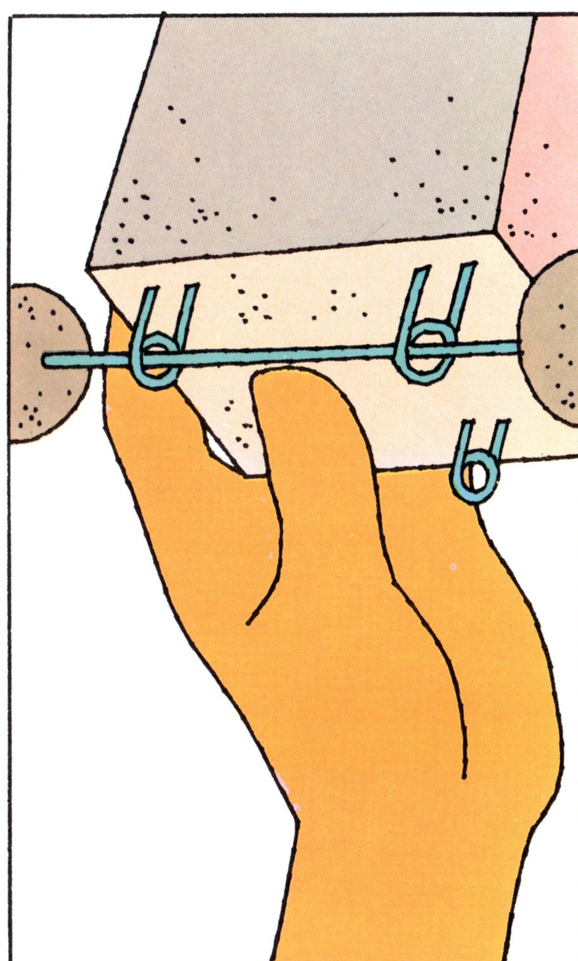

Die Achsen werden ebenfalls aus Drahtstücken gemacht. Sie müssen über die Wagenbreite hinausragen und so lang sein, daß die Kugeln darauf noch Platz haben. Für jeden Wagen brauchst Du zwei Achsen.

Führe die Achsen durch die Drahtschlaufen und stecke an ihren Enden je eine Kugel auf. Die Kugeln sind die Räder.

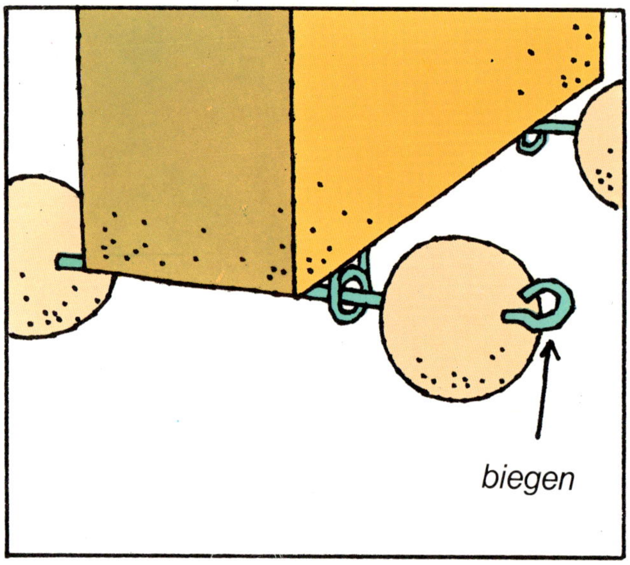

Biege mit der Zange die Enden der Achsen um.

Kneife doppelt so viele Drahtstücke ab, wie Du Wagen hast. Jedes Drahtstück muß ungefähr 5 cm lang sein. Die Hälfte der Drahtstücke wird umgebogen und mit beiden Enden hinten in die Wagen gebohrt.

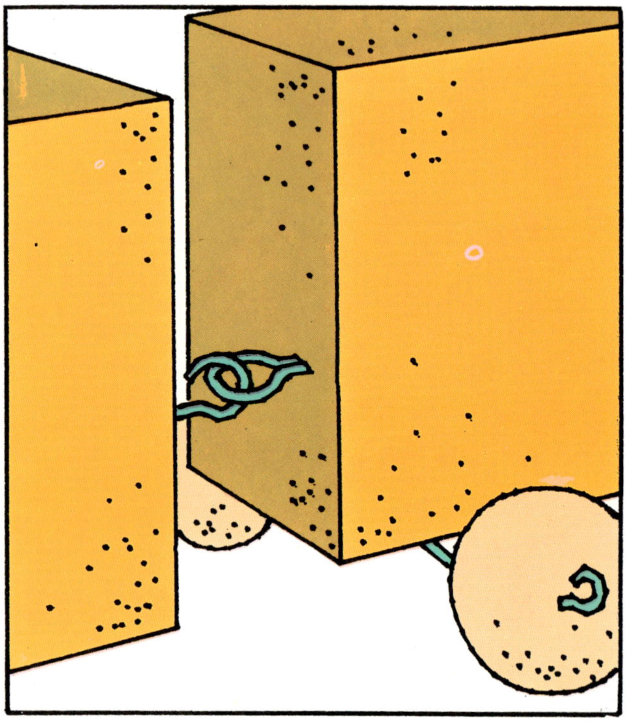

Die anderen Drahtstücke werden zu Haken gebogen und vorn an den Wagen befestigt.
Jetzt kannst Du den Zug zusammenkoppeln.

MATERIAL:

- weißes Seidenpapier
- Bleistift
- Sperrholz
- Klebstoff
- Pinsel
- Laubsäge
- Sandpapier
- farbloser Wachs
- Lappen

TAUBEN

Pause den Umriß dieser Taube auf weißes Seidenpapier. Pause auch das unten abgebildete kleine Stück durch. Es wird der Fuß der Taube werden.

Pause die beiden Zeichnungen auf eine Sperrholzplatte. Wenn Du willst, kannst Du die Taube auch freihändig darauf zeichnen.

Säge die beiden Umrisse aus. Wenn Du die Sperrholzplatte mit einer Schraubzwinge an einem Tisch befestigst, kannst Du besser sägen. Aber Vorsicht, sonst sägst Du den Tisch entzwei. Besser ist, wenn Du in einem Bastelgeschäft eine Haltevorrichtung für Laubsägearbeiten kaufst. Sie kostet nicht viel.

Säge auch die Einschnitte am Schwanz und am Fuß aus. Stecke den Rumpf auf den Fuß. Klebe beide Teile zusammen.

Hier ist noch eine Vorlage für eine zweite Taube abgebildet. Für dieses Modell brauchst Du eine zusätzliche Stütze am Fuß, da der Schwanz nicht den Boden berühren soll.

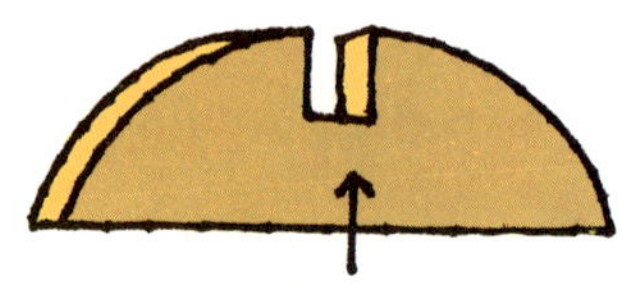

Schmirgle die Figuren an den Kanten mit Sandpapier ab.

Du kannst sie auch mit einer dünnen Schicht von farblosem Wachs überziehen.

MATERIAL:

- Zahnstocher
- Papier und Bleistift
- Klebstoff
- Leitungskabel
- kleine Glühbirne
- rotes Cellophanpapier
- Schere

JAPANISCHE LAMPE

Zeichne auf ein Blatt Papier ein Sechseck. Seine Seiten müssen etwas kürzer als die Zahnstocher sein.

Lege sechs Zahnstocher auf die gezeichneten Linien. Klebe die Zahnstocher zusammen, wo sie sich berühren. Dann lege auf die Zahnstocher sechs andere, auf diese wiederum sechs und so fort, bis der Turm etwa 10 cm hoch ist. An den Berührungspunkten werden die Zahnstocher zusammengeklebt.

Schlage die Innenwände mit rotem Cellophan aus. Zuletzt werden Leitungskabel und Glühbirne in die Lampe montiert.

MATERIAL:

- Korkstück, Größe 18 x 7 x 1,5 cm
- Korkstück, Größe 7 x 3 x 1,5 cm
- Korkstück, Größe 6 x 4 x 3 cm
- großer Korken
- Stecknadeln mit bunten Glasköpfen
- Zahnstocher und Klebstoff
- blaue, weiße und schwarze Farbe
- Bleistift, Lineal, Messer, Sandpapier und Zirkel

DAMPFER

Zeichne auf dem großen Rechteck, 3,5 cm von den kurzen Seiten entfernt, zwei Linien, die parallel zu den Schmalseiten verlaufen. Zeichne eine Mittellinie zwischen den langen Seiten. Zeichne die Dreiecke A und B und den Halbkreis C.

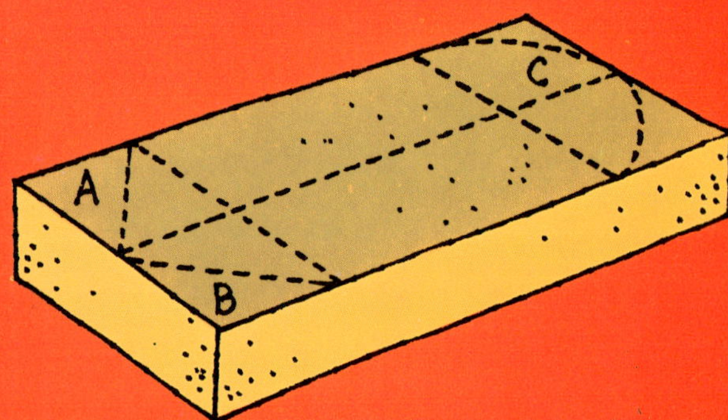

Schneide die Dreiecke A und B und die überstehenden Ecken am Halbkreis C mit einem scharfen Messer aus. So erhältst Du den Rumpf des Dampfers.

Klebe die ausgeschnittenen Dreiecke (A oder B) auf den Bug.
Schneide aus dem Korkstück 7 x 3 x 1,5 cm einen Halbkreis, der genau auf das Heck paßt, und klebe ihn auf das Heck.

Schmirgle die Seitenwände des Dampfers mit Sandpapier ab.

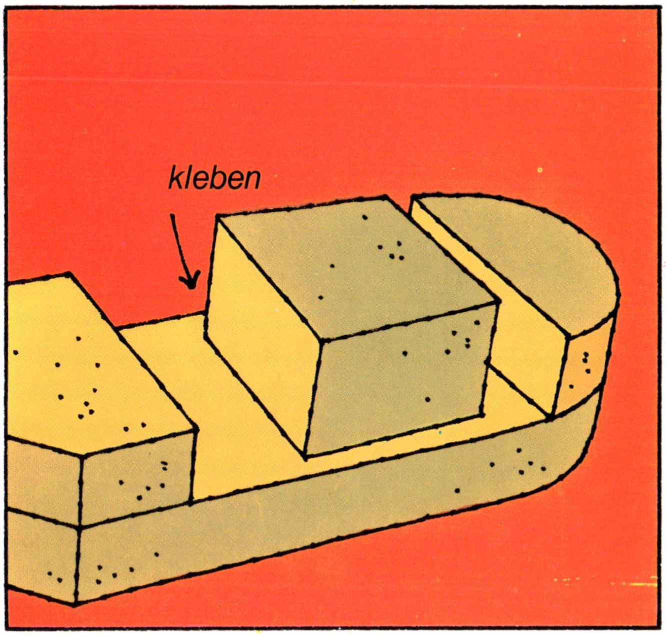

Klebe das Rechteck Größe 6 x 4 x 3 cm einen Zentimeter vor dem Heck auf den Rumpf des Dampfers. Die Seiten dieses Rechtecks müssen parallel und im gleichen Abstand zu den Seitenkanten der Bordwand verlaufen.

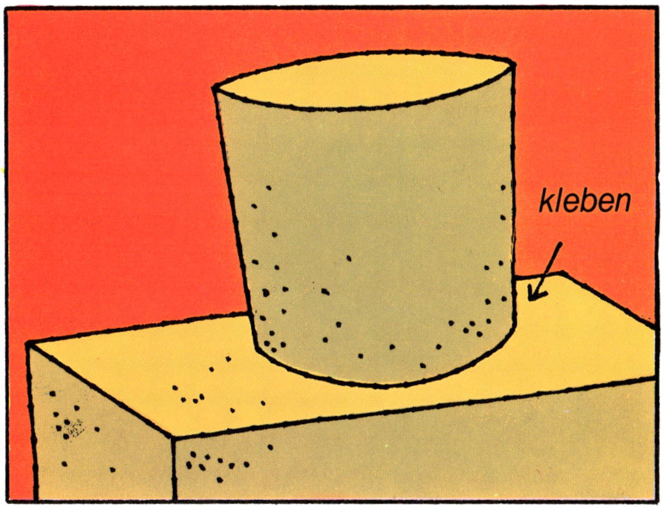

Klebe einen großen Korken auf das Rechteck.

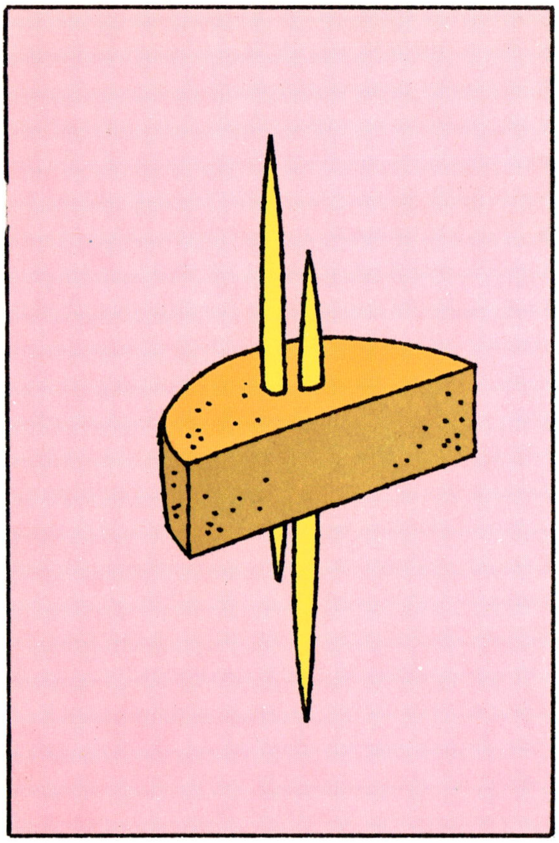

Schneide aus dünnem Kork einen Halbkreis mit 3 cm Durchmesser aus. Bohre in die Mitte zwei Zahnstocher. Das sind die Masten. Ein Mast soll oben etwas höher herausragen, der andere nach unten tiefer durchgesteckt werden, wie es die Vorlage zeigt.

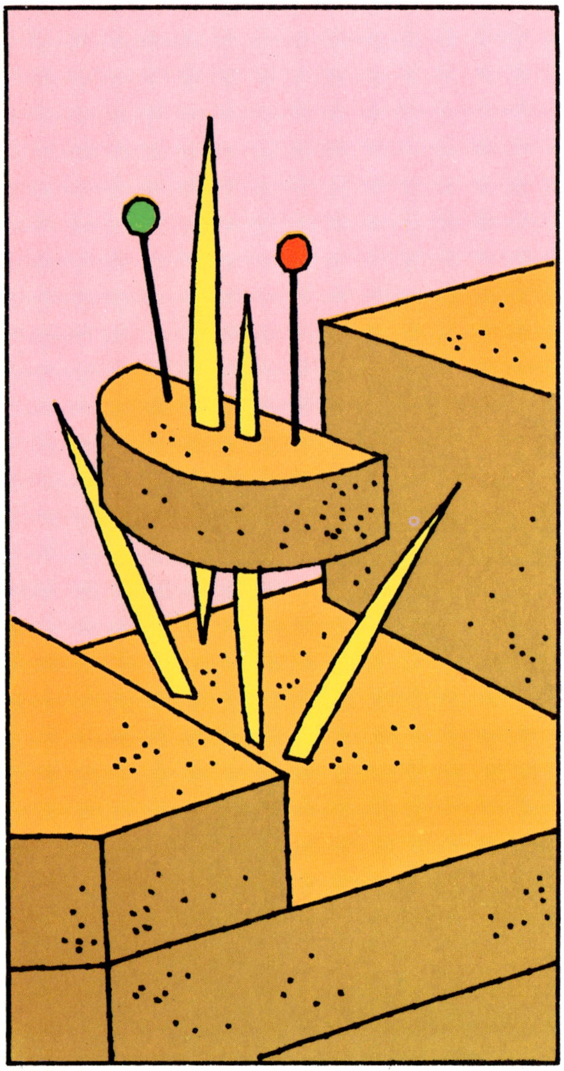

Bohre den unteren Mast 2 cm vom Bug entfernt in den Boden des Dampfers. Dies soll der Mastkorb sein.
Bohre zwei Zahnstocher seitlich vom Mast schräg in den Boden.
Zum Schluß bohre Stecknadeln mit bunten Glasköpfen auf den Bug, das Heck, den Mastkorb usw. Male die Bullaugen, die Brücke und den Schornstein an.

MATERIAL:
- Sperrholz
- Pauspapier, Bleistift
- Sandpapier
- Säge, Bohrer, Zange
- Draht
- Nylonfaden
- Temperafarbe und Pinsel

ZAPPELESEL

Pause den Umriß des Kopfes, des Schwanzes und zweimal den Umriß des Rumpfes auf eine Sperrholzplatte. Säge die Teile aus. Schmirgle die Kanten mit Sandpapier ab.
Durchbohre die eingezeichneten Punkte A, B, C und D mit einem Bohrer.
Male alle Teile mit Farbe an.
Stecke einen Nylonfaden durch das Loch A im Hals und knote ihn dort fest. Das andere Ende des Fadens stecke durch das Loch D im Schwanz und verknote ihn ebenfalls.

Füge den Kopf so zwischen die beiden Rumpfteile, daß die mit A bezeichneten Löcher genau aufeinander liegen.
Stecke ein Stück Draht hindurch. Biege die Drahtenden mit der Zange um.
Stecke auf gleiche Weise einen Draht durch die Löcher B in Rumpf und Schwanz.
Wenn Du nun am Nylonfaden ziehst, bewegen sich Kopf und Schwanz gleichzeitig.

MATERIAL:

- Sperrholz
- dickes Kiefernholz
- Laubsäge
- Klebstoff
- braunes Filztuch
- Temperafarbe
- Pinsel und Lappen
- Bleistift
- Zirkel
- Lineal
- Stoff
- Nägel
- Hammer
- Schere

DACKEL

Säge aus Sperrholz 12 Quadrate mit einer Seitenlänge von je 5 cm aus.

Zeichne den Umriß des Hundekopfes auf zwei Rechtecke aus Sperrholz von der Größe 11 x 8 cm.
Säge aus beiden Rechtecken den Kopf mit einer Laubsäge aus.

Säge aus einem Stück Kiefernholz, wie es hier gezeigt wird, zwei Rechtecke aus. Die Kerbe soll so breit sein, daß zwei Quadrate aus Sperrholz nebeneinander hineingesteckt werden können.

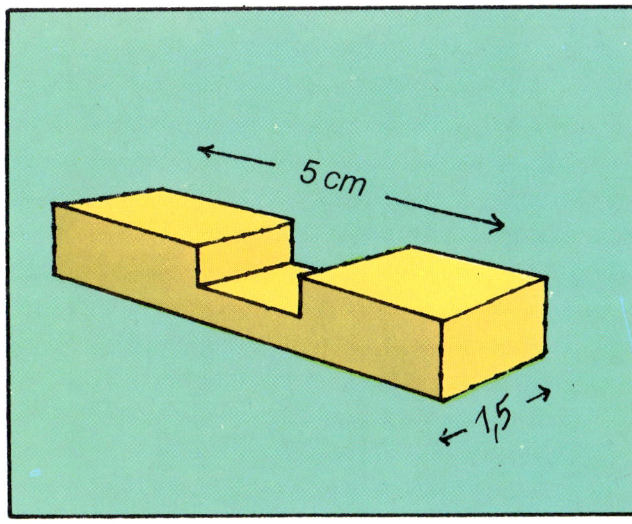

Säge vier Sperrholz-Räder mit einem Durchmesser von 3,5 cm aus.

Schneide einen 33 cm langen und 5 cm breiten Stoffstreifen aus. Schneide aus braunem Filz Ohren und Schwanz, wie es die Vorlage zeigt.
Klebe den Stoffstreifen auf einen Teil des Hundekopfes und auf sechs der Quadrate. Klebe auch den Schwanz an. Dann klebe den anderen Teil des Kopfes und die übrigen sechs Quadrate auf den Stoffstreifen.

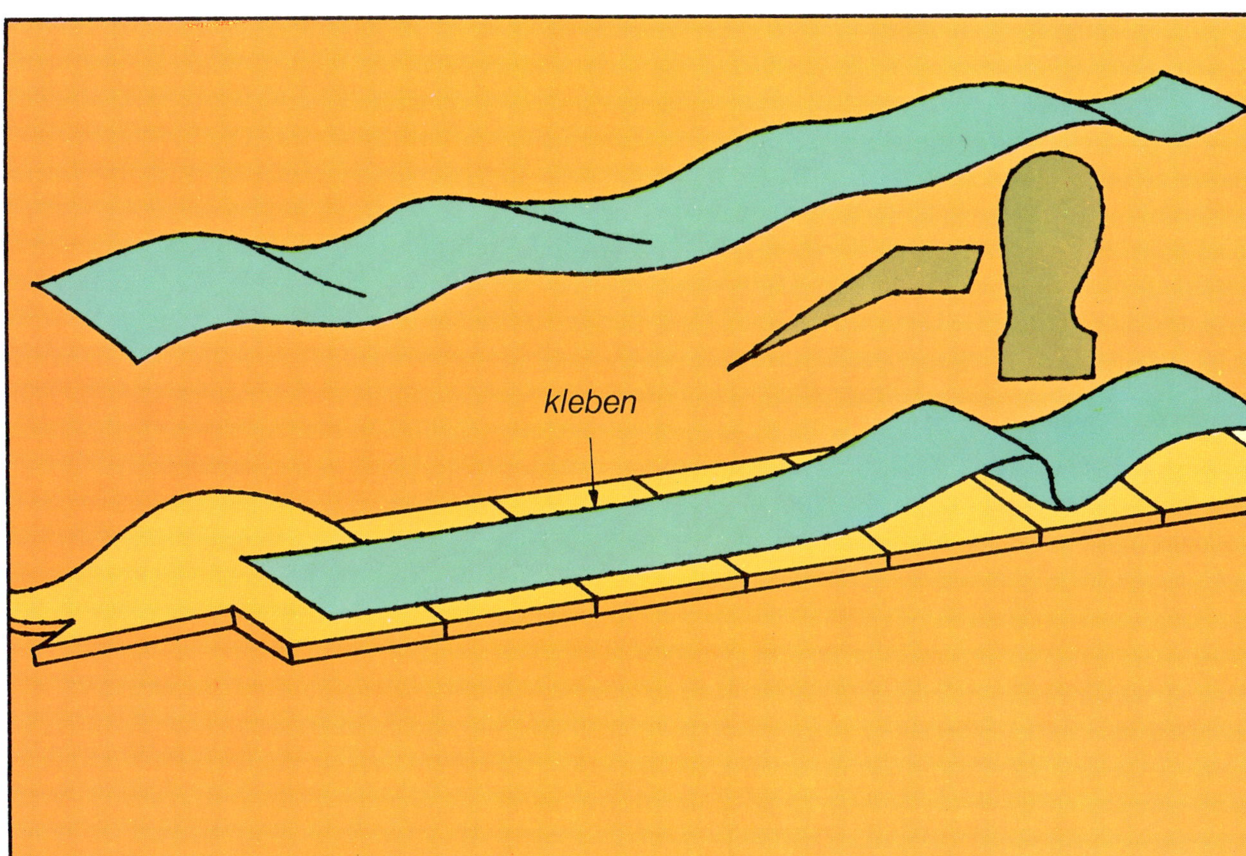

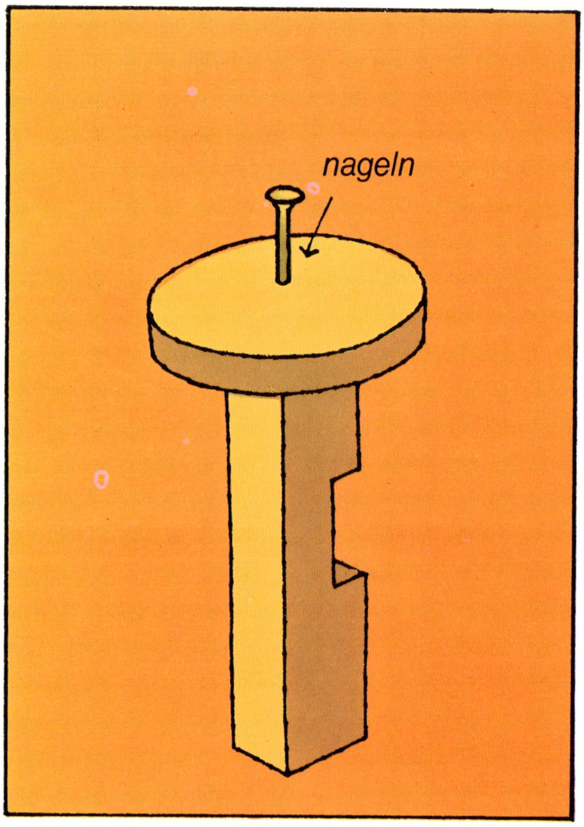

Die Räder werden an die Seiten der Stücke aus Kiefernholz genagelt. Sie müssen sich aber auf den Nägeln leicht drehen lassen. Dann werden die Quadrate eins und vier des Körpers in die Kerben gesteckt.

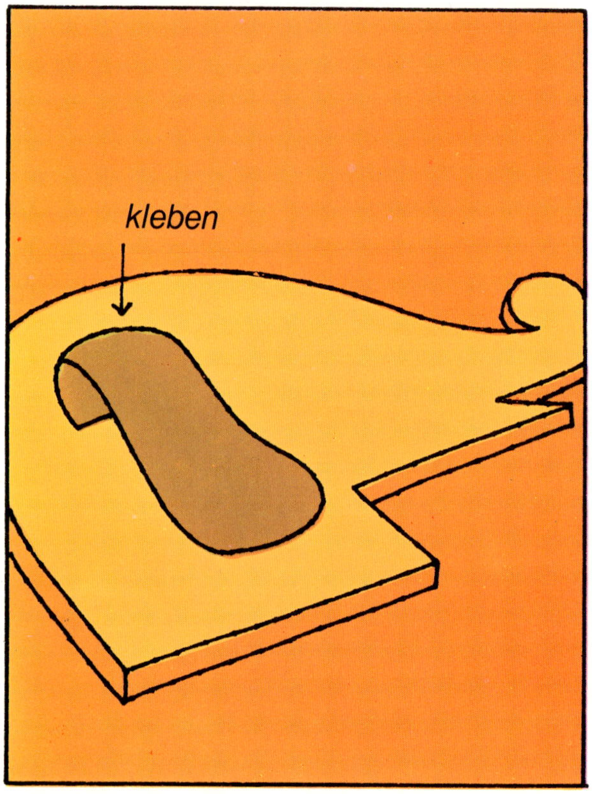

Klebe die Ohren an beide Seiten des Kopfes.

Bemale den Hund auf beiden Seiten mit braunen und schwarzen Farbtupfen.

Male auch Schnauze, Mund und Augen.
Wenn der Hund rollt, bewegt er sich schlängelnd hin und her.

MATERIAL:

- Sperrholz
- dickes Kiefernholz
- Säge
- Bleistift
- Temperafarbe
- Pinsel und Lappen
- Klebstoff

SCHAUKELPFERD

Zeichne die Umrisse von Kopf und Schwanz des Pferdes auf eine Sperrholzplatte. Zeichne zweimal den Umriß des Rumpfes. Säge die Teile aus und male sie an.
Säge die Kufen des Schaukelgestells aus Sperrholz aus. Säge zwei Querleisten aus Kiefernholz aus. Male alle Teile an.
Klebe Kopf und Schwanz zwischen die beiden Rumpfteile.
Dann klebe das Pferd auf die Leisten. Zum Schluß werden die Leisten zwischen die Kufen des Schaukelgestells geklebt.
Male mit einem dünnen Pinsel die Mähne, Augen, Nüstern usw.

STRANDSEGLER

MATERIAL:

- **Tube aus Metall**
- **Holzleisten in verschiedenen Größen**
- **Sperrholz**
- **kleine Nägel**
- **weißer Stoff**
- **Klebstoff**
- **Hammer**
- **Zange**
- **Säge**
- **Draht**
- **Schere**
- **Faden**
- **Bohrer**

Schneide zwei viereckige Öffnungen in die Seiten einer Metalltube. Dann schneide oben eine ähnliche Öffnung. Stecke durch die Löcher an der Seite eine Holzleiste. Befestige die Leiste mit kleinen Nägeln an den Laschen der beiden Öffnungen.
Stecke eine Holzleiste in die Tube. Drücke den Verschluß der Tube mit der Zange zusammen und befestige die Leiste mit Nägeln daran. Bohre in das Ende der Leiste ein Loch und stecke ein Stück Draht hindurch.

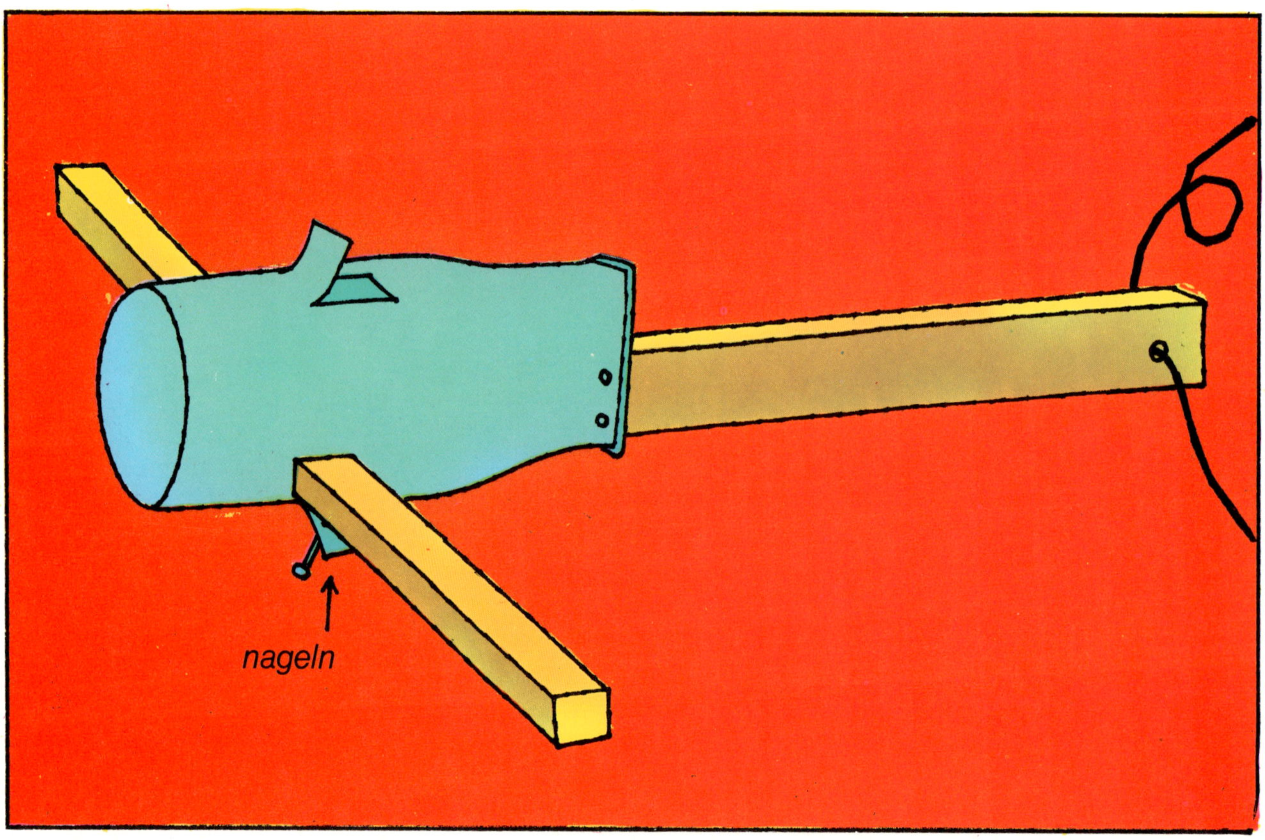

Schlage in die Spitze des Mastes einen Nagel. Stecke das andere Ende des Mastes senkrecht in die obere Öffnung der Tube. Befestige ihn mit zwei Nägeln an der Lasche.

Das Segel ist ein Dreieck aus weißem Stoff. Klebe an die untere Seite des Dreiecks ein Holzstäbchen. Durchbohre die Enden des Stäbchens und stecke dünnen Draht hindurch. Die Drahtenden werden zu Haken umgebogen. Durchbohre auch die Spitze des Segels mit dünnem Draht und biege ihn zu einem Haken. Mit zwei Haken wird das Segel am Mast befestigt.

Säge aus Sperrholz drei Räder aus. Befestige die zwei Vorderräder mit Nägeln an der Leiste, das Hinterrad mit Draht.
Verbinde Vorderachse, Segel und Längsachse mit einem Faden. Bemale Längsachse, Räder und Segel.
Nun kannst Du mit dem Schiff bei gutem Wind Rennen veranstalten.

ARMREIF

MATERIAL:

- **dünne Folie aus Aluminium, Kupfer oder Messing**
- **Metallschere**
- **Bohrer**
- **Zange mit dünnen Spitzen**
- **Säge mit Metall-Sägeblatt**
- **Klebstoff**
- **Schmucksteine**

Schneide aus einer Aluminium-, Kupfer- oder Messingfolie das abgebildete Muster aus. Zeichne in die Mitte drei Kreuze, die den Maßen der Steine entsprechen müssen.

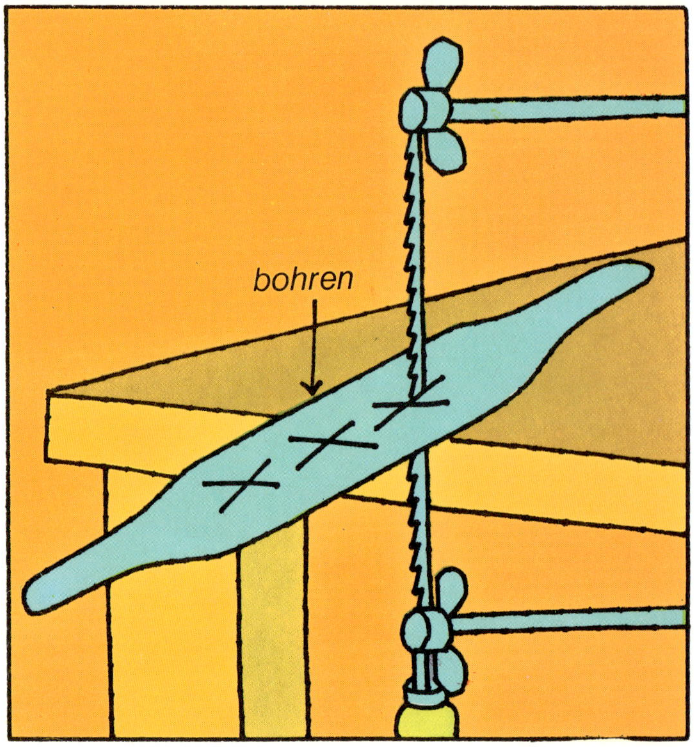

Bohre Löcher an den Schnittpunkten. Stecke das Sägeblatt durch die Löcher, schraube es in der Säge fest und säge entlang den Linien.

Biege mit der Zange die Spitzen nach oben.
Die Steine werden in die Fassungen gelegt und festgeklebt. Die Metallspitzen werden fest an die Steine gedrückt.
Biege die breiten Stellen des Armbandes nach innen um. So werden die Steine auch von innen festgehalten.

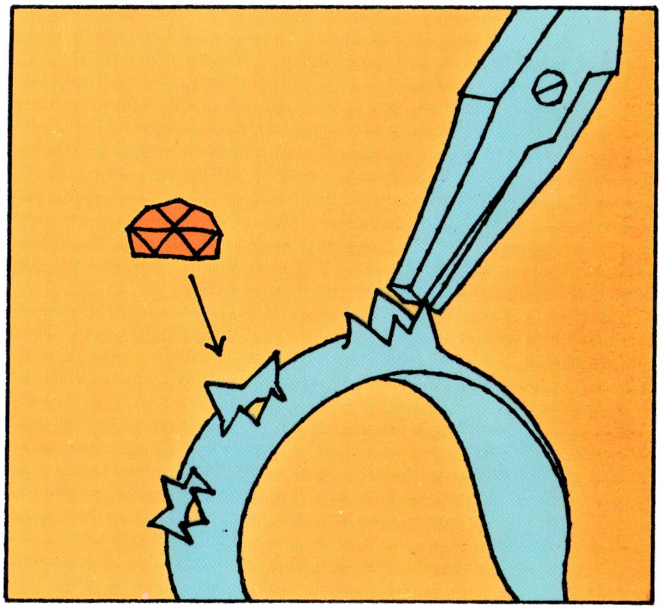

MATERIAL:

- Folie aus dünnem Aluminium, Kupfer oder Messing
- Schmuckstein
- Metallschere
- Bohrer und Säge
- Zange mit dünnen Spitzen
- Klebstoff
- rundes Holzstück

RING

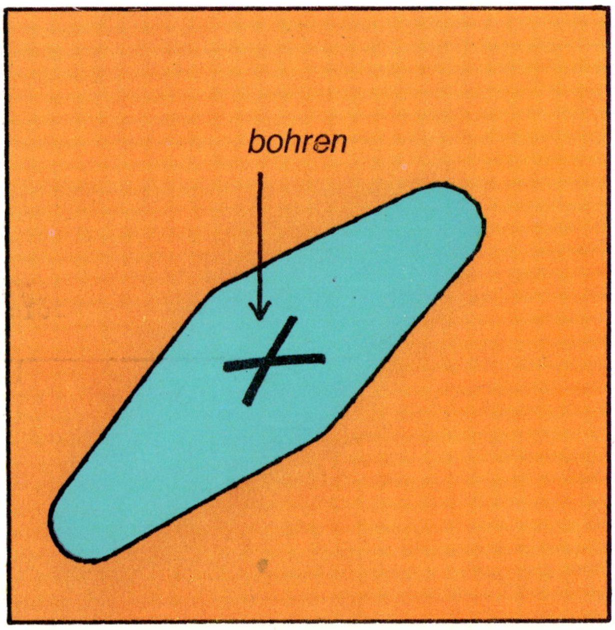

Schneide aus einer Aluminium-, Kupfer- oder Messingfolie das abgebildete Muster aus. Die Länge des Stückes hängt von der Dicke des Fingers ab, für den der Ring bestimmt ist.
Zeichne in die Mitte ein Kreuz und bohre ein Loch am Schnittpunkt.

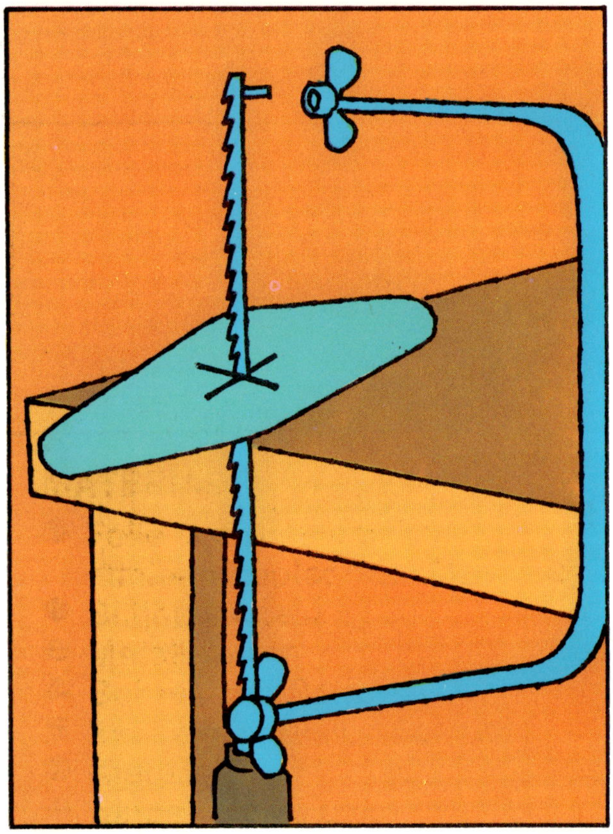

Stecke das Metallsägeblatt durch das Loch, schraube es dann fest und säge entlang der Linien.
Biege mit der Zange die Spitzen nach oben.

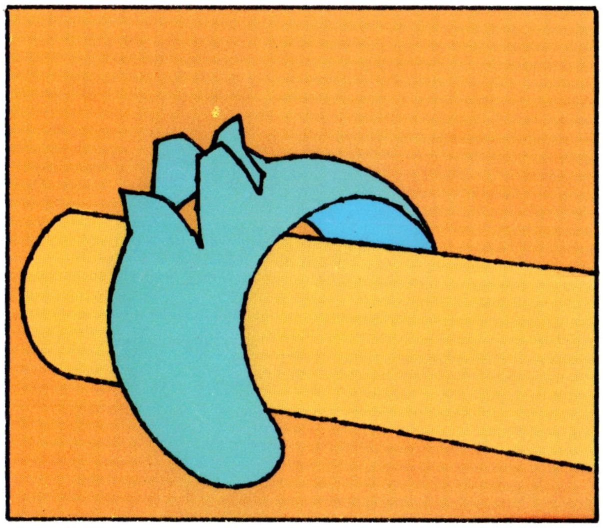

Biege das Metallstück um ein rundes Holzstück, das so dick ist wie Dein Finger.
Tupfe etwas Klebstoff auf einen Schmuckstein und lege ihn von innen in die Fassung. Drücke dann die Metallspitzen fest an den Stein. Zum Schluß biege die Außenkanten des Ringes nach innen. Nun ist er fertig.

MATERIAL:

- 14 ovale, 3 cm lange Holzperlen, 14 etwas dickere, aber kürzere Holzperlen, 14 birnenförmige Perlen gleicher Größe, sieben 1,5 cm lange ovale Perlen, sieben runde Perlen mit 0,5 cm Durchmesser, 28 kleinere runde Perlen, 14 ganz kleine Perlen
- lila, dunkelrote, schwarze und goldgelbe Farbe
- Nylonfaden und Wachs

KETTE

Kaufe Holzperlen in den angegebenen oder ähnlichen Größen und Formen.

Lila: alle ovalen 3 cm langen Holzperlen.
Dunkelrot: alle birnenförmigen Holzperlen.
Schwarz: die mittelgroßen und großen runden Perlen und die 14 ovalen dicken kürzeren Perlen.
Goldgelb: die übriggebliebenen ovalen und die ganz kleinen runden Perlen.

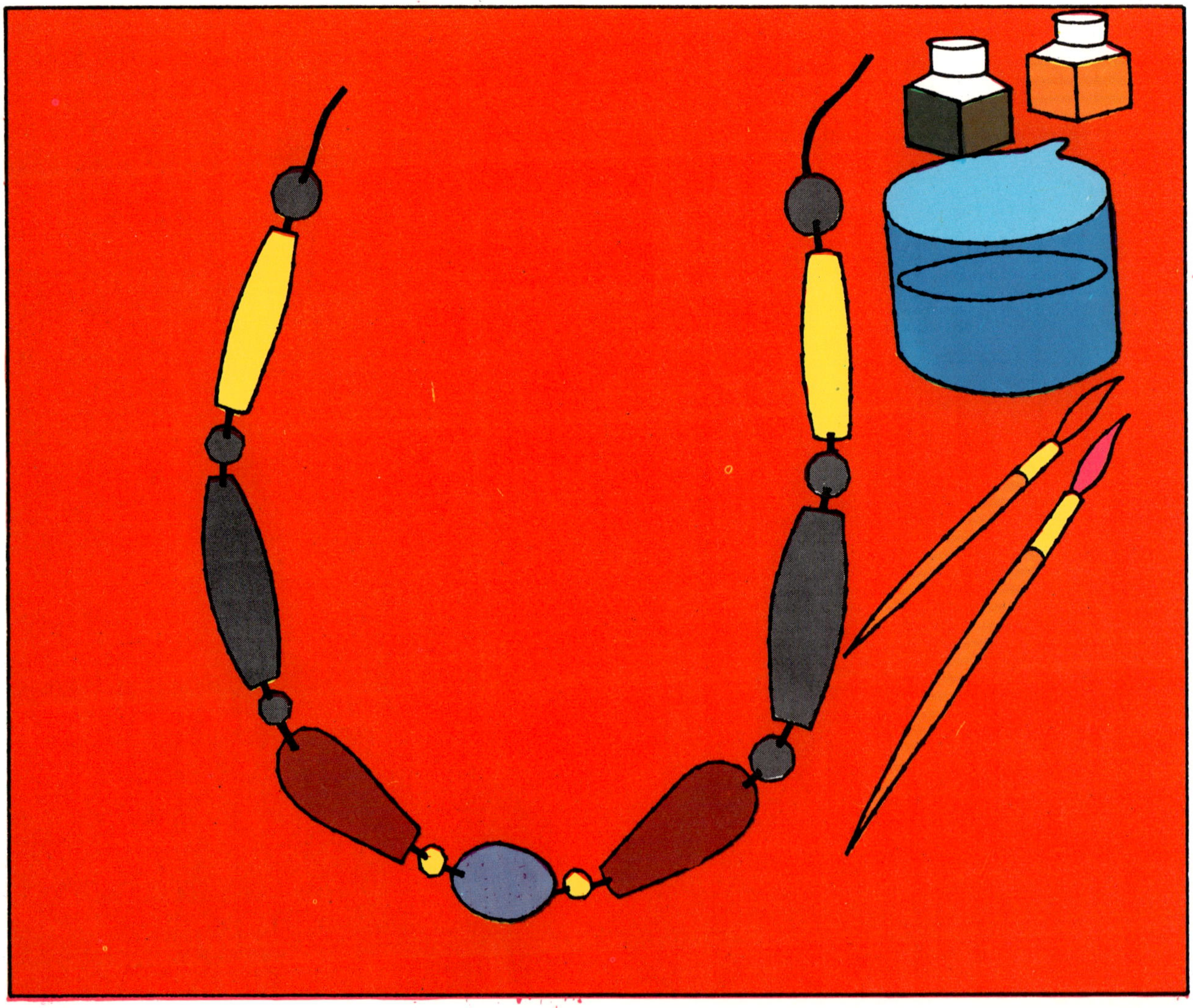

Wenn die Farbe getrocknet ist, wachse die Perlen mit farblosem Wachs und reibe sie mit einem Lappen blank.

Knüpfe in ein Ende des Nylonfadens einen Knoten und fädle die Perlen in der auf der Vorlage gezeigten Reihenfolge auf. Schließe die Kette, indem Du die Enden zusammenknotest.

So kannst Du viele verschiedene Ketten anfertigen. Du brauchst nur Form und Größe der Perlen zu verändern oder andere Farben zu verwenden.

BUCHSTÜTZEN

MATERIAL:

- **Kiefernholz**
- **Sperrholz**
- **Säge**
- **Klebstoff**
- **Wachs**
- **Nußbaumbeize**
- **kleine Nägel**
- **Bleistift**
- **Pinsel**
- **Lappen**
- **Wasser**
- **Hammer**

Pause den Umriß des hier abgebildeten Modells zweimal auf Sperrholz. Säge die Figur aus.

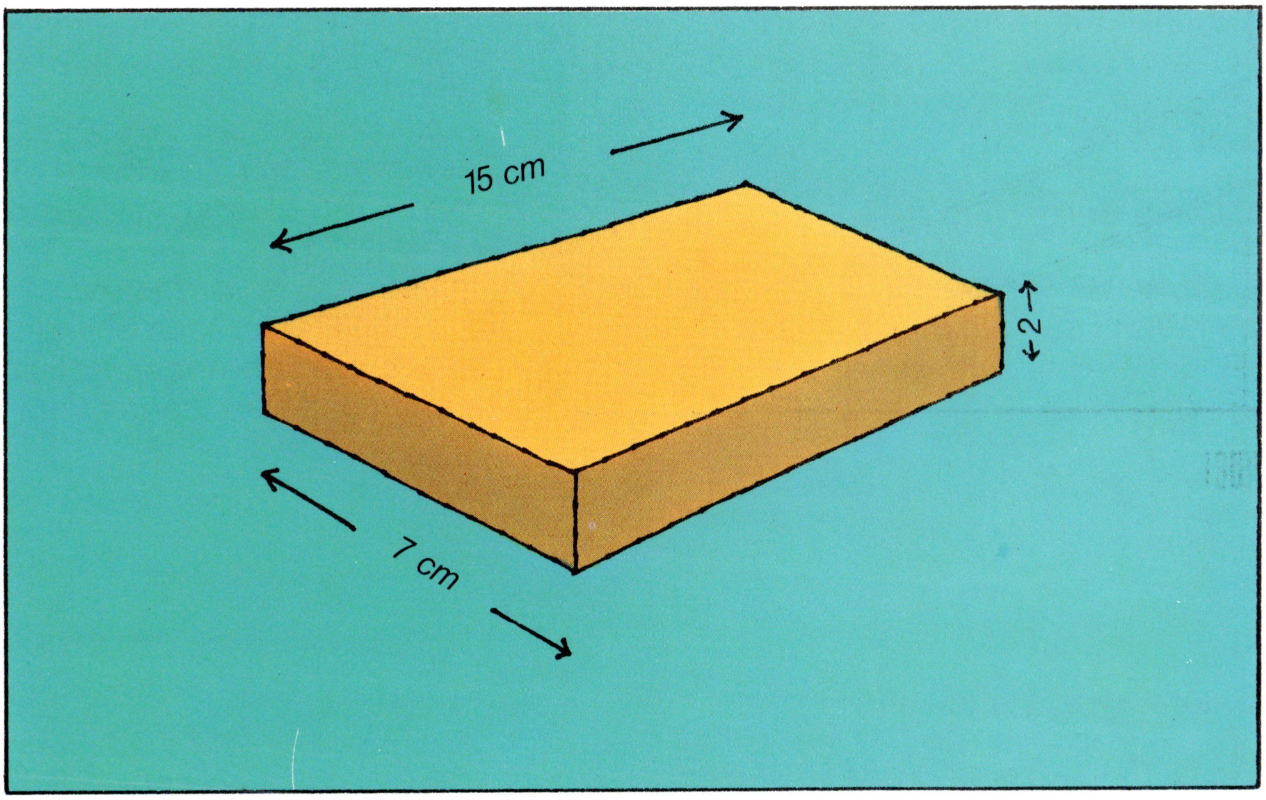

Säge aus Kiefernholz vier Rechtecke aus, die ungefähr die in der Zeichnung angegebenen Maße haben.

Klebe zwei der Holzstücke rechtwinklig gegeneinander, wie es auf dem Bild zu sehen ist.
Treibe zusätzlich drei kleine Nägel in das Holz. Füge die beiden anderen Holzstücke auf gleiche Weise zusammen.

Tauche einen Lappen in die Nußbaumbeize und reibe die Holzfiguren, besonders die Kanten, gut ein.

Laß die Beize trocknen.

Dann reibe das Holz mit Wachs ein. Wenn das Wachs eingezogen ist, poliere mit einem sauberen Lappen nach.

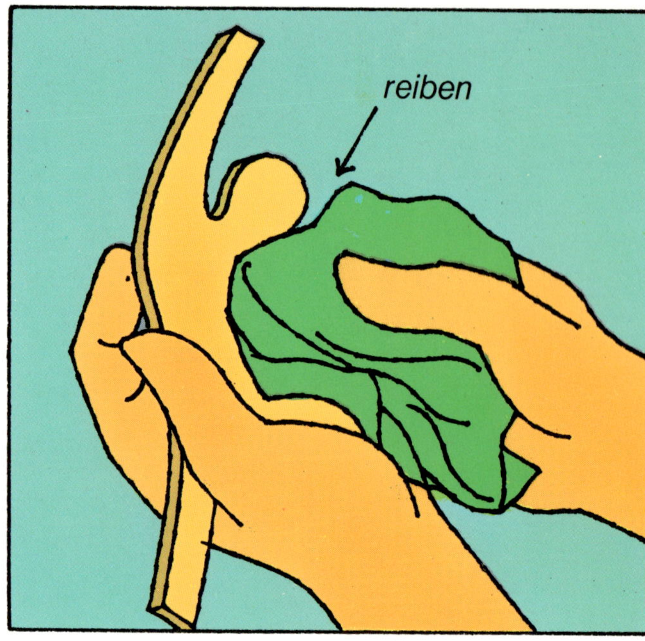

Zuletzt klebe Hände und Füße der Figur an den Holzstücken fest.

Du siehst, wie einfach diese Buchstützen gebastelt werden können.

HEIDI
iniciación a la filatelia
Muriel Mandel
FISICA RECREATIVA
FISICA

MATERIAL:

- Sperrholz
- Papier und Bleistift
- Säge und Bohrer
- Draht und Zange
- Sandpapier
- dünne Plastikröhrchen
- Temperafarbe
- Pinsel und Lappen

CLOWN

Pause Kopf und Rumpf des Clowns auf Sperrholz. Die abgebildeten Schablonen entsprechen den Maßen des Modells.

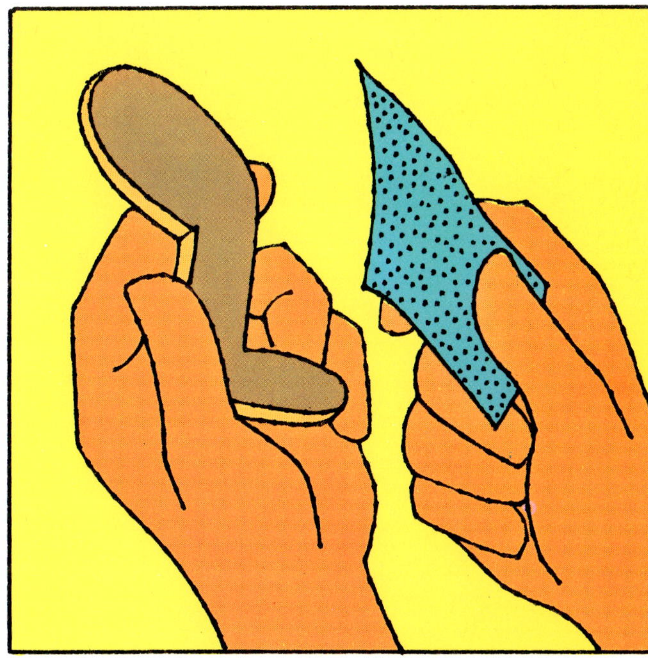

Pause zwei Arme und zwei Beine auf Sperrholz. Säge alle Teile aus.

Schmirgle die Kanten mit Sandpapier ab.

Bohre an den auf den Schablonen abgebildeten Punkten A und B Löcher in das Holz.

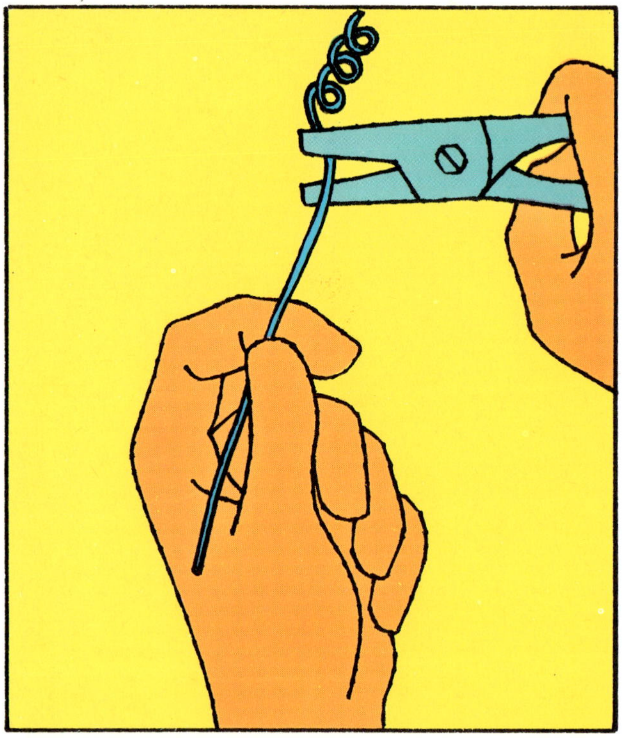

Kneife zwei Stückchen Draht ab und biege jeweils ein Ende um.

Streiche Rumpf, Arme und Beine mit Temperafarbe an. Überlege Dir, welche Farben Dir am besten gefallen.

Stecke das glatte Ende des Drahtes an den Punkten A erst durch einen Arm, dann durch ein Plastikröhrchen, durch den Rumpf, wieder durch ein Plastikröhrchen und zuletzt durch den anderen Arm. Biege den überstehenden Draht um.
Die Beine werden mit einem Draht durch die Punkte B, aber ohne Plastikröhrchen am Rumpf befestigt.
Bohre in beide Hände des Clowns je ein Loch. Stecke ein Stück Draht durch und klebe ihn in den Löchern fest. Wenn Du den Draht zwischen Daumen und Zeigefinger drehst, macht der Clown lustige Bewegungen.

MATERIAL:

- Kiefernholz
- dünne runde Holzstäbchen
- dicke runde Holzstäbe
- Nägel, Hammer, Bohrer und Säge
- Klebstoff
- Bleistift, Zange, Draht und dünne Kordel
- Temperafarbe und Lappen

AUSLEGERBOOT

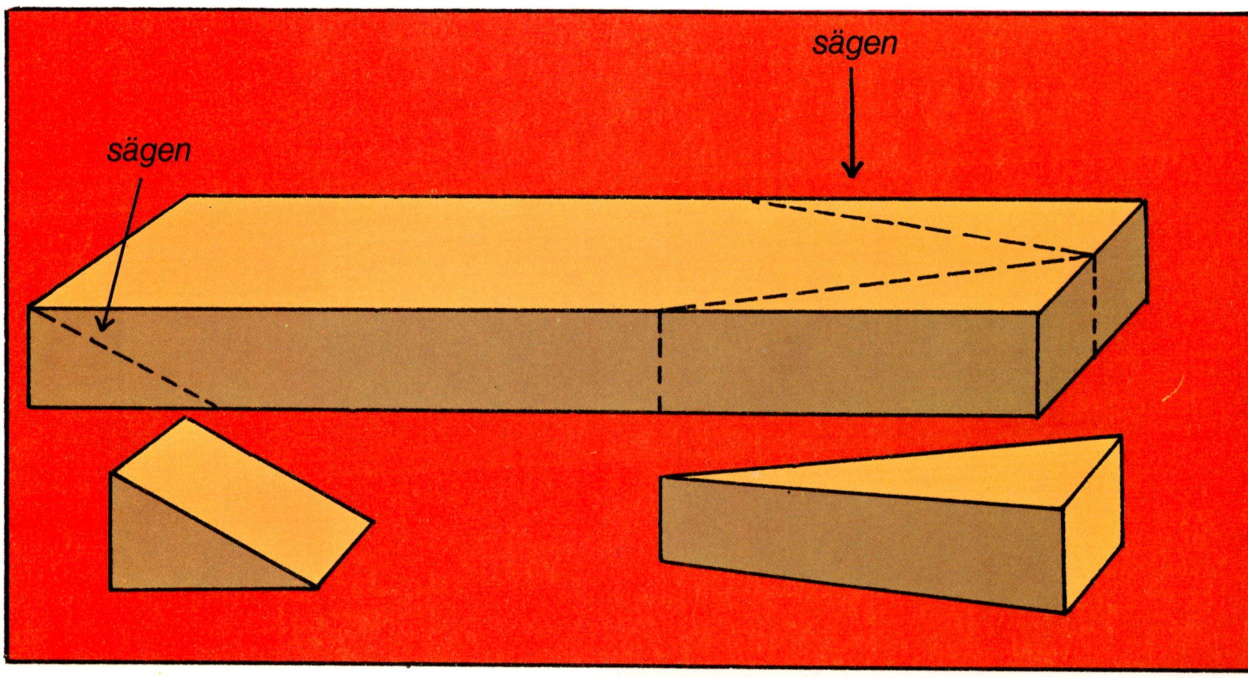

Säge aus Kiefernholz ein Rechteck aus. Zeichne die auf der Vorlage abgebildeten Linien ein und säge entlang der Linien.

Säge ein kleines Holzquadrat aus. Das ist die Kabine.

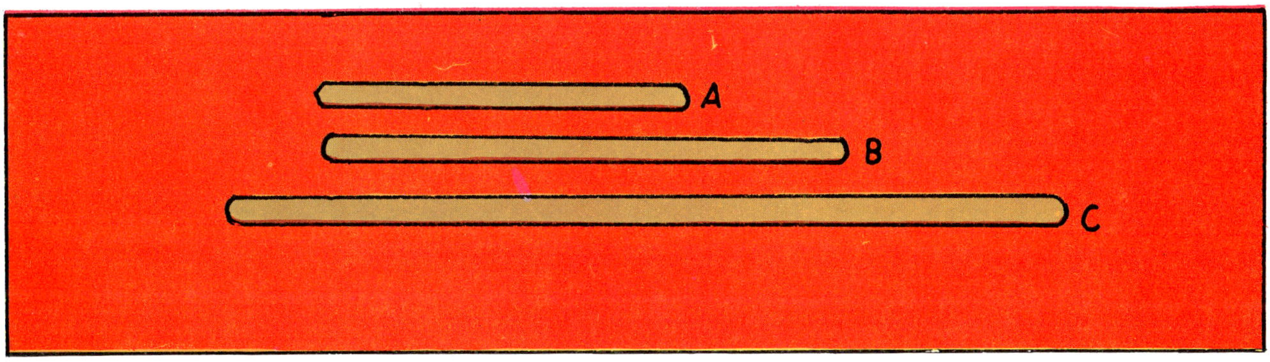

Schneide Holzstäbchen in verschiedener Länge zu. Stäbchen A ist die Verlängerung des Bugs, Stäbchen B dient zur Verstärkung der unteren Kante des Segels, Stäbchen C ist der Mast.

Schneide zwei dicke Holzstäbe zu, so lang wie der Rumpf des Bootes. Bohre in die Enden der Stäbe jeweils zwei Löcher, wie es die Vorlage zeigt.

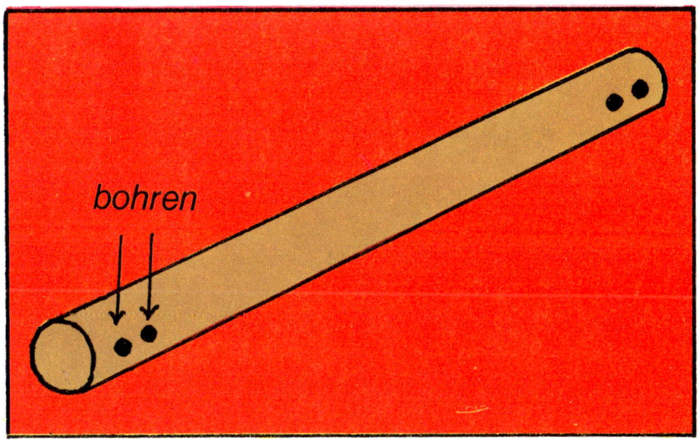

Klebe die Kabine und das Stäbchen A auf den Rumpf. Befestige die dicken Stäbe mit Draht an den Seiten des Rumpfes. Bohre für den Mast vor der Kabine ein Loch und stecke das Stäbchen C hinein. Treibe vorher in seine Spitze einen Nagel.

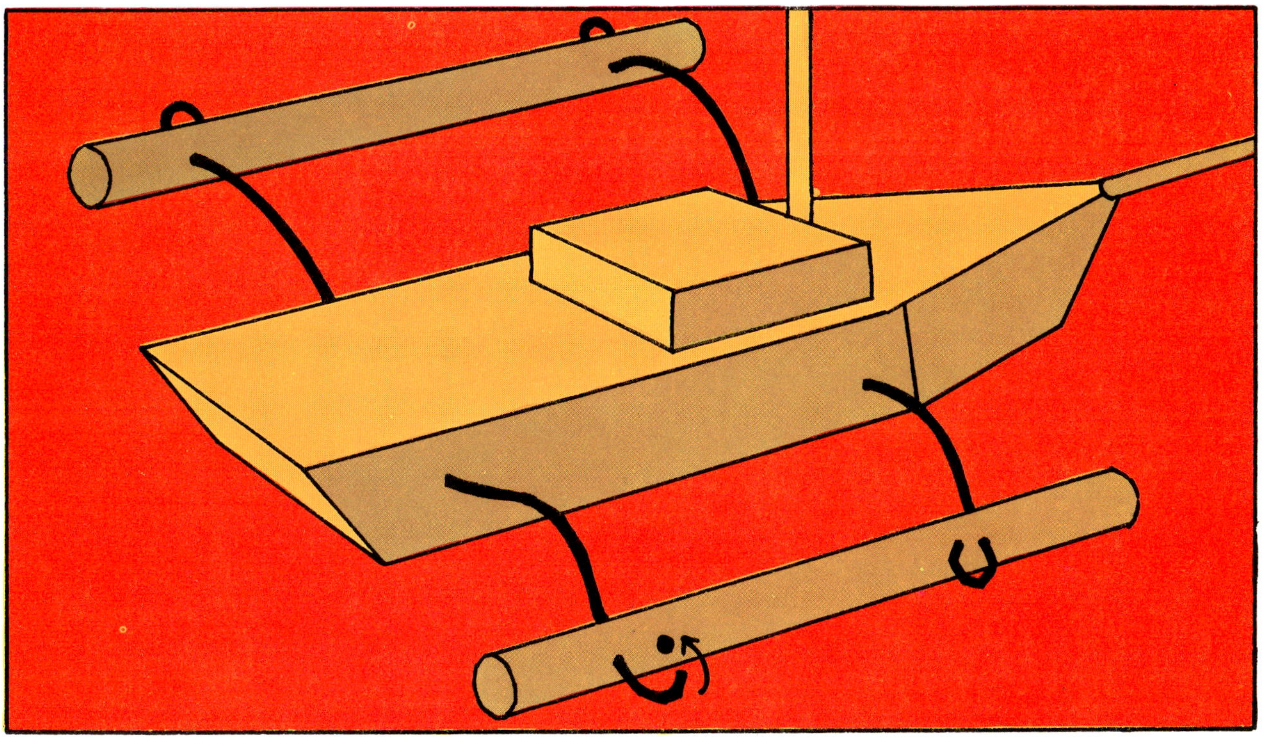

Jetzt fehlt nur noch das Segel. Schneide dazu ein Dreieck aus Stoff aus. Die Seite AB soll 2 cm kürzer als der Mast sein. Seite BC soll so lang sein wie die Entfernung Mast–Heck.

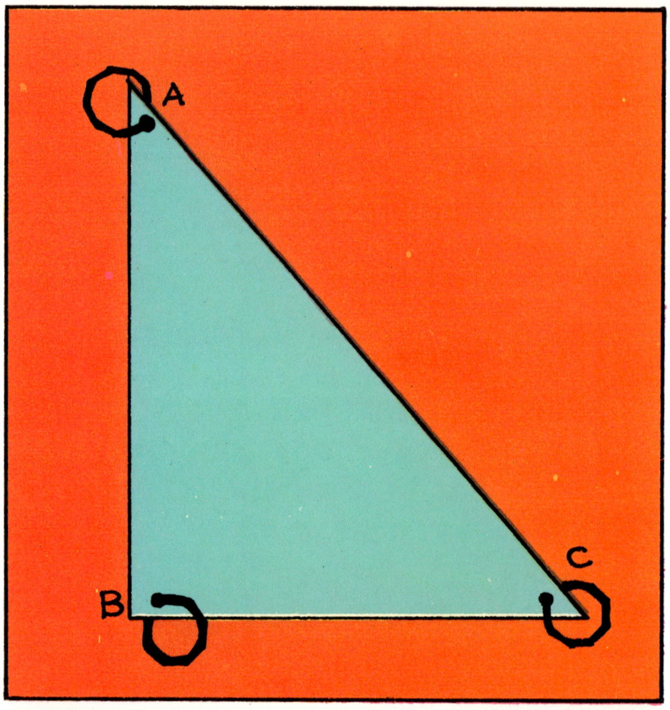

Bohre durch jede Ecke ein Stück dünnen Draht, so wie es die Zeichnung zeigt.

Biege den Draht zu kleinen Ringen zusammen. Dann stecke Stäbchen B durch die Ringe B und C und klebe es an der Innenkante des Segels fest. Bohre ein Loch durch das Ende dieses Stäbchens. Stecke ein Stück Draht durch das Loch und biege ihn zu einem Ring um. Führe den Mast durch den Ring. Hänge Ring A an den Nagel auf der Spitze des Mastes.

Fädle eine dünne Kordel durch Ring C und wickle die Enden um die Flöße.

Male Boot und Segel mit Temperafarbe an.

V-15
MARIA

MATERIAL:

- Zahnstocher
- Papier
- Bleistift
- Klebstoff
- rote Seide
- scharfes Messer

SCHMUCKKASTEN

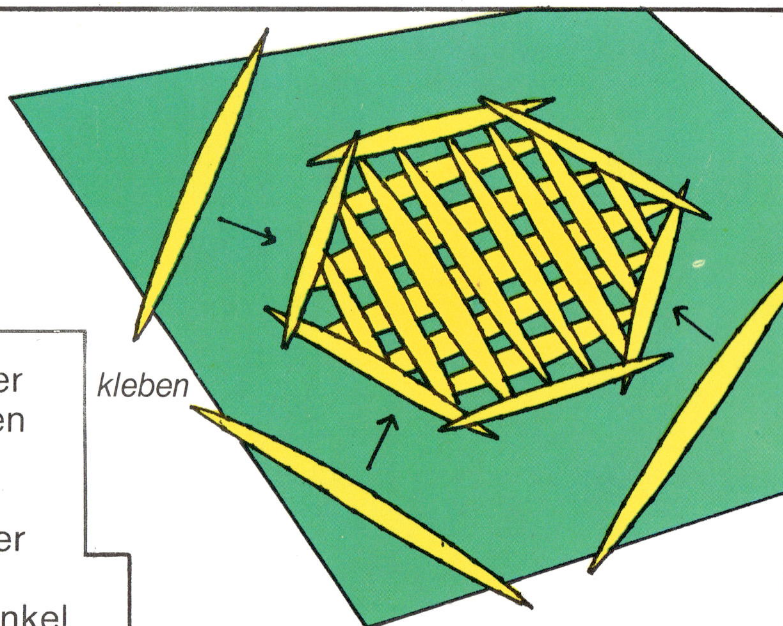

Zeichne auf ein Stück Papier ein Sechseck, dessen Seiten etwas kürzer als die Zahnstocher sind.
Lege das Sechseck mit einer Schicht Zahnstocher aus.
Klebe darauf im rechten Winkel eine weitere Schicht Zahnstocher.
Lege sechs Zahnstocher in Form des gezeichneten Rechteckes auf das Gitter und klebe sie fest. Schneide ab, was von den beiden unteren Lagen aus dem Sechseck herausragt.
Auf diese sechs Zahnstocher schichte treppenförmig nach außen sieben Lagen Zahnstocher. Fange etwas weiter innen an, wie es die Zeichnung zeigt. Klebe sie an den Berührungspunkten fest.
Klebe jetzt sechs Lagen Zahnstocher, die treppenförmig nach innen ansteigen. Das ist der Unterteil des Schmuckkästchens. Rechts siehst Du seinen Querschnitt.

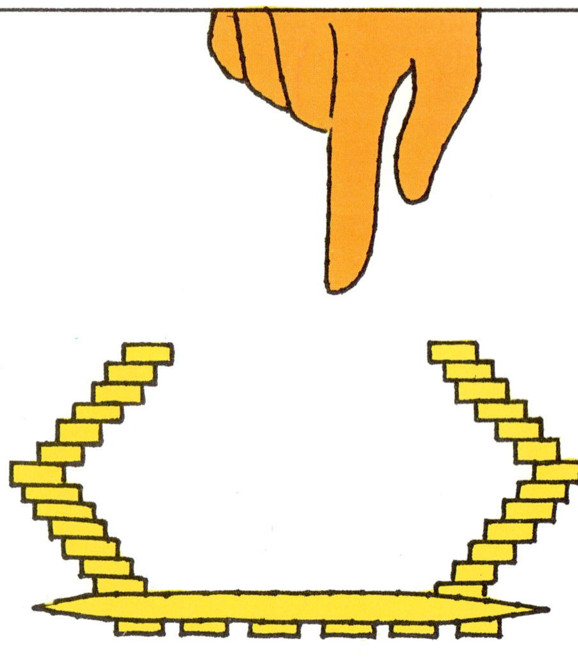

Wenn Du das Unterteil des Schmuckkästchens fertig hast, drehe es um und zeichne auf ein Stück Papier ein Sechseck, dessen Maße dem Umriß des obersten Sechsecks entsprechen. Von diesem Sechseck aus baue den Deckel.

Klebe 16 Schichten Zahnstocher treppenförmig zu immer kleiner werdenden Sechsecken aufeinander, wie es der Querschnitt zeigt. Von der elften Lage kannst Du die Zahnstocher schon halbieren. Schneide zum Schluß die vorstehenden Enden der Zahnstocher vorsichtig auf gleichmäßige Längen.

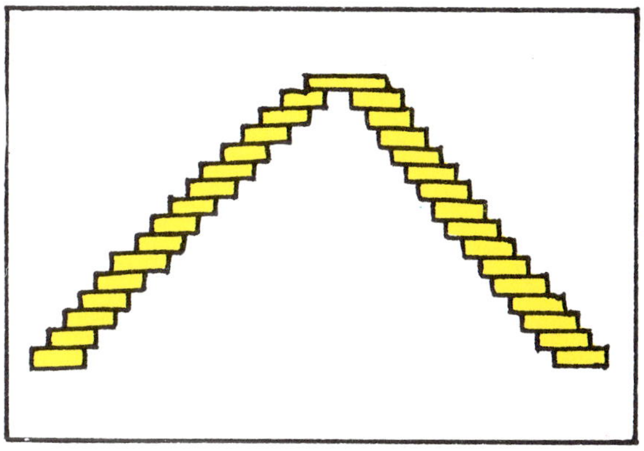

Schlage die Innenwände des Schmuckkästchens mit roter Seide aus.

MATERIAL:

- Sperrholz
- dickes Holzstück
- Leiste aus Kiefernholz
- Lineal, Bleistift, Pinsel, Klebstoff
- Säge, Zirkel, Nägel, Hammer, Bohrer
- dicke Korken
- weiße, schwarze und rote Farbe
- große Flügelmutter

FARBPENDEL

Zeichne auf Sperrholz zwei Quadrate mit einer Seitenlänge von 30 cm. Säge sie aus.

Male eine Fläche eines Quadrats schwarz an.

Zeichne in das andere Quadrat die Mittellinie ein. Male die eine Hälfte schwarz und die andere weiß an.

Zeichne in die obere Hälfte des schwarz-weißen Quadrats zwei Kreise, die den gleichen Abstand von der Mittellinie haben. Säge sie aus.

Lege das schwarz-weiße Quadrat auf das schwarze, so daß die Ecken zusammenfallen. Durchbohre beide Quadrate auf der Mittellinie 8 cm von der Unterkante entfernt.

Male vier 4 cm lange, dicke Korken schwarz an. Klebe die Korken in die vier Ecken des schwarzen Quadrats. Klebe das andere Quadrat darauf.

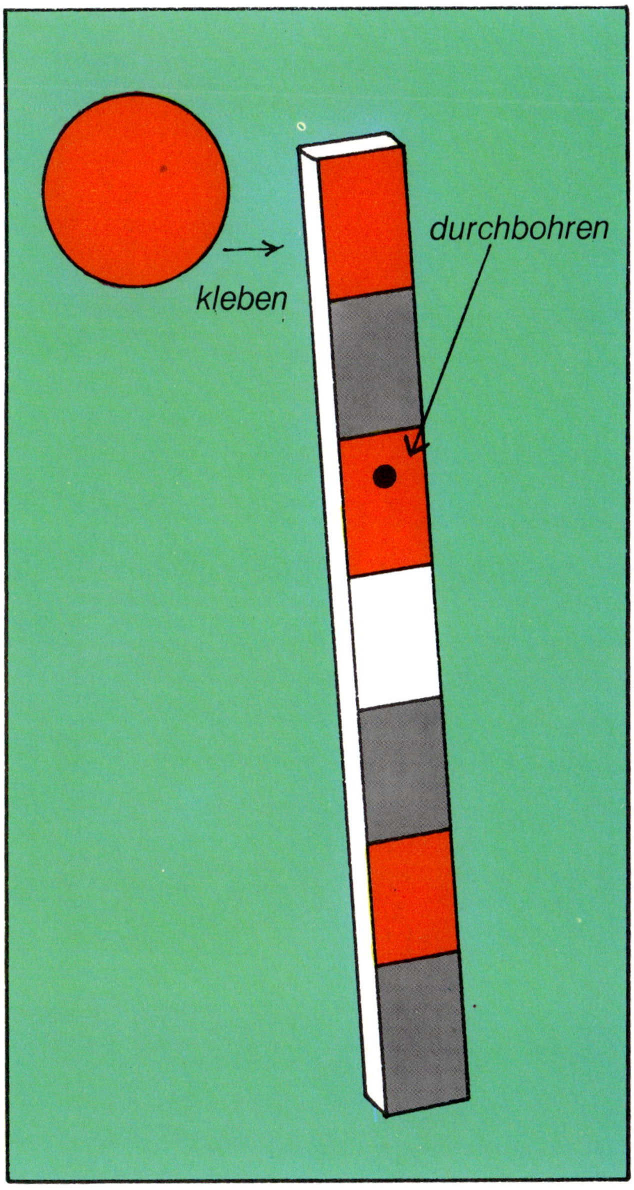

Zeichne mit dem Zirkel einen Kreis auf das Sperrholz. Er soll größer sein als die Kreise im Quadrat. Säge ihn aus und male ihn rot an.
Klebe die rote Scheibe auf das obere Ende der Leiste. Säge vom Kiefernholz eine Leiste 70 x 4 cm ab. Bohre 45 cm von der unteren Kante entfernt ein Loch in die Leiste. Teile die Leiste in sieben Abschnitte von 10 cm Länge ein. Male sie schwarz, weiß und rot an, wie es auf dem Bild zu sehen ist.

Säge ein kurzes Stück Kiefernholz aus. Male es schwarz, weiß und rot an. Klebe es unten auf die Leiste.

Drehe eine Schraube durch die anfangs gebohrten Löcher des schwarzweißen Quadrats, der Leiste und des schwarzen Quadrats und befestige sie mit der Schraubenmutter.

Ziehe hinten am schwarzen Quadrat die Flügelmutter fest.
Wenn Du nun das Pendel hin- und herschwingen läßt, entsteht ein hübsches Farbenspiel.

MATERIAL:

- Sperrholzplatte, Größe 36 x 27 cm
- Leiste, Größe 30 x 1 x 1 cm
- Stahldraht und kleine Nägel
- dünner Bohrer
- Hammer, Zange, Säge
- Bleistift, Klebstoff, Lineal
- bunte Filzstifte und weiße Farbe

VOGELKÄFIG

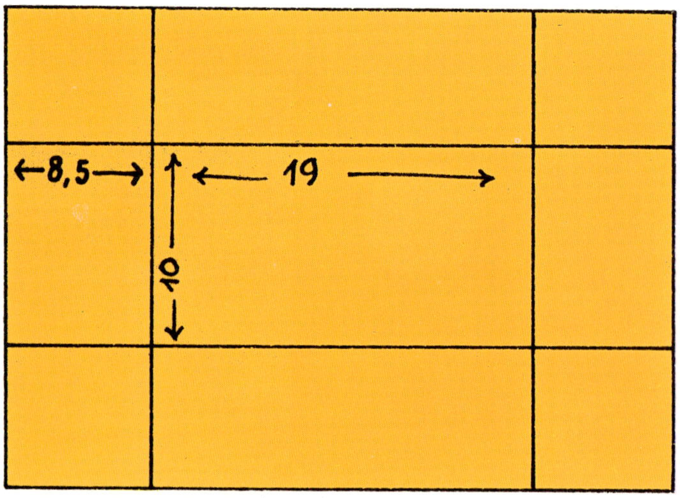

Zeichne die für den Vogelkäfig benötigten Teile auf eine Sperrholzplatte.
Säge die fünf Teile, Seitenwände, Rückwand, Dach und Boden aus.
Achte darauf, daß die Ecken nicht splittern.
Bohre 1 cm von der Kante entfernt 15 Löcher in das 19 cm lange Dach.

Zeichne eine Mittellinie ein.

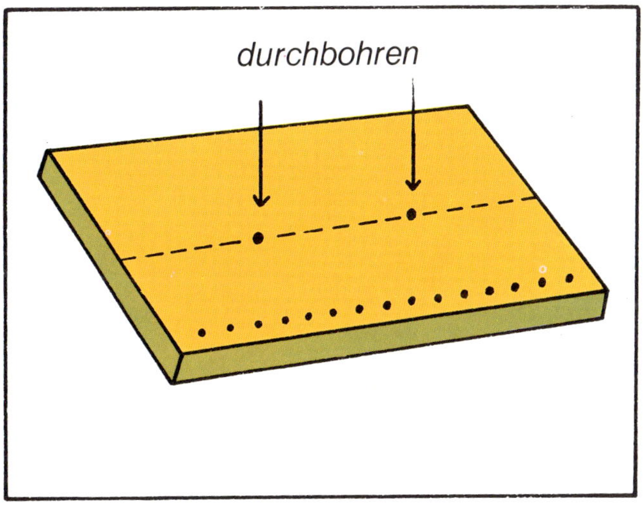

Zeichne auf ihr jeweils 5 cm von den Kanten entfernt einen Punkt ein. Durchbohre an diesen beiden Stellen das Holz.

Kneife zwei 2 cm lange Stücke Stahldraht ab und biege sie um. Stecke sie in die beiden Löcher auf der Mittellinie des Daches und biege die Drahtenden nach außen, wie es die Vorlage im Querschnitt zeigt.

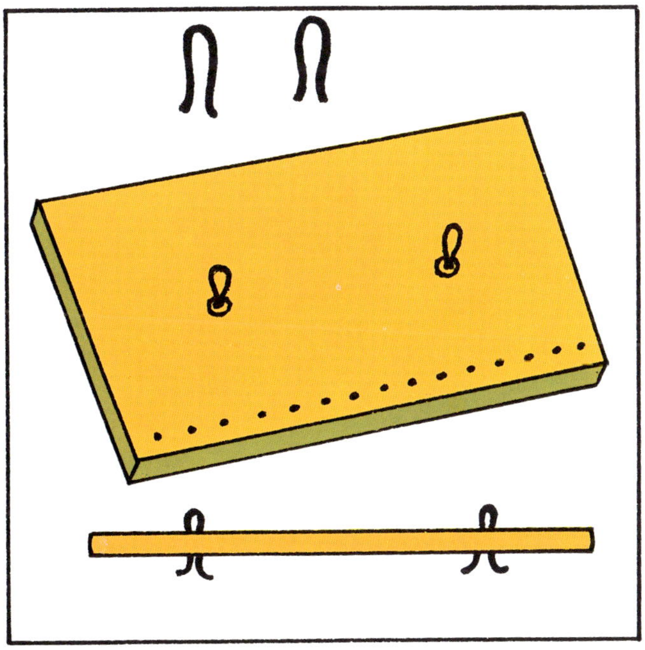

Kneife ein 15 cm langes Stück Draht ab und biege einen Zentimeter an beiden Enden um. Biege den Draht zu einem Henkel und hänge die Enden an den Haken ein.

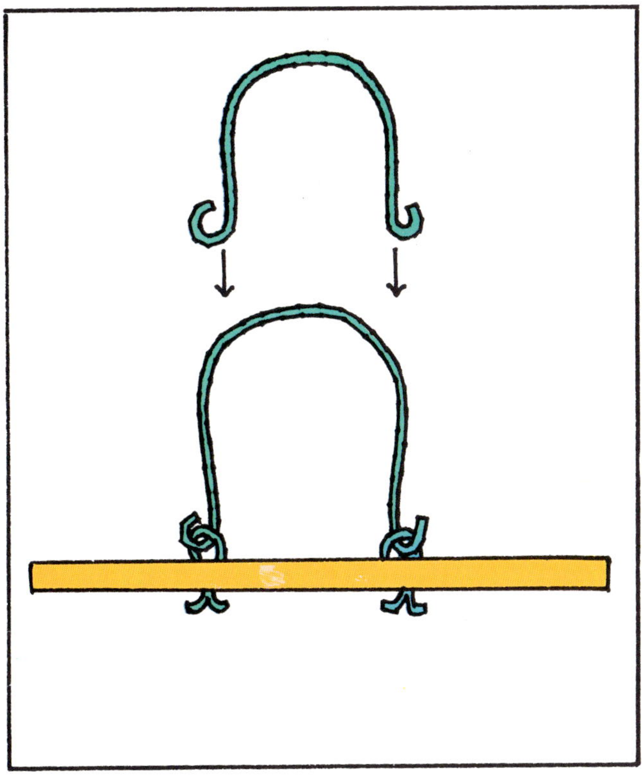

Nagle die Seitenwände des Käfigs mit dünnen kurzen Nägeln zusammen. Klopfe die Nägel senkrecht in das Holz, damit sie nicht an der Seite herauskommen und das Holz zersplittern.

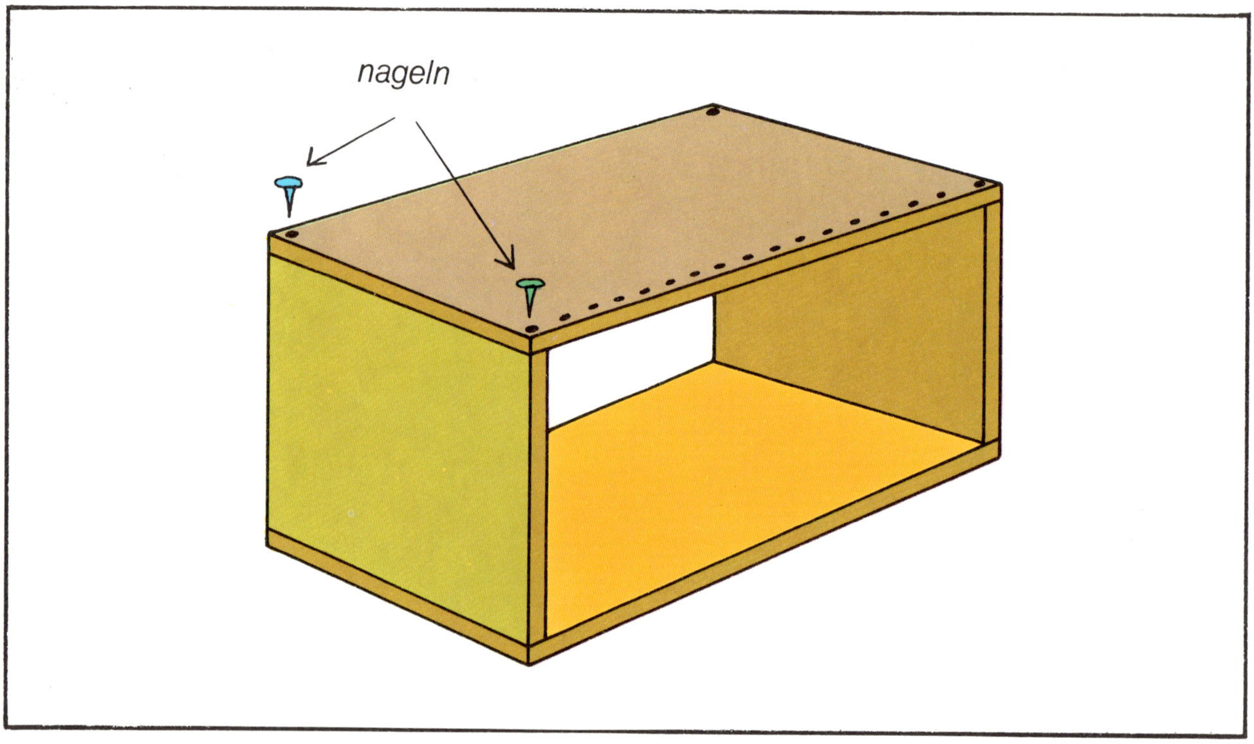

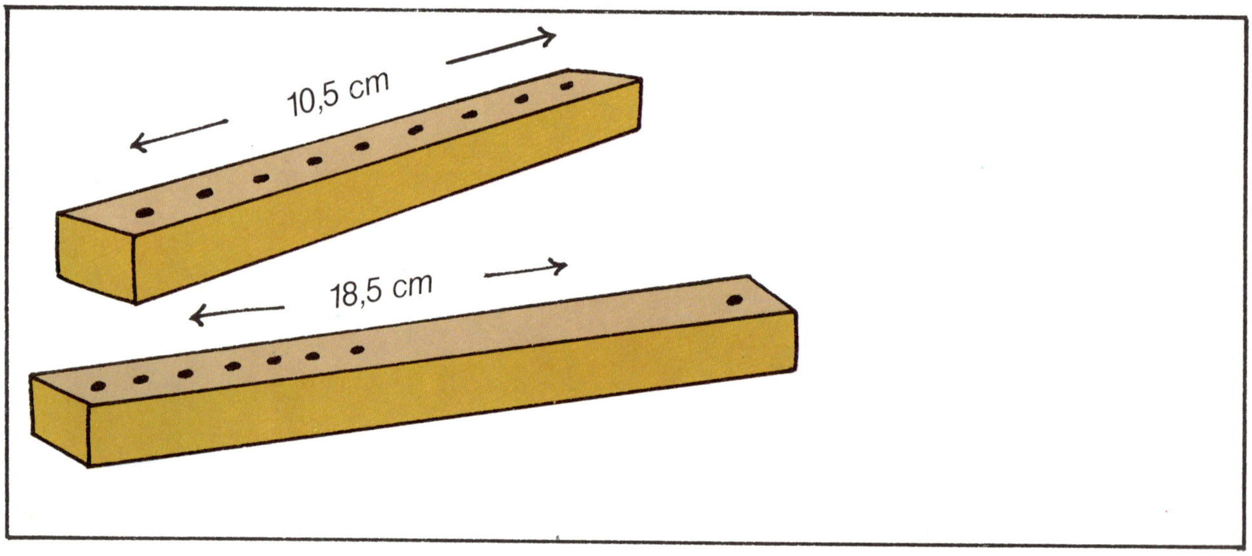

Zeichne auf eine Leiste von der Größe 10,5 x 1 x 1 cm neun Punkte, die den gleichen Abstand wie die Löcher auf dem Dach des Käfigs haben. Durchbohre die beiden Enden der Leiste. Diese Löcher müssen so groß sein, daß der Stahldraht sich leicht hindurchschieben läßt. Bohre in die anderen sieben Punkte Löcher, ohne jedoch die Leiste ganz zu durchbohren. Dann bohre sieben Löcher in eine 18,5 cm lange Leiste, ohne sie ganz zu durchbohren. Die Löcher sollen den gleichen Abstand wie die Löcher auf der kürzeren Leiste haben. Bohre auch ein solches Loch 1/2 cm vom anderen Ende der Leiste entfernt.

Nagle die lange Leiste auf den Boden des Käfigs, die Löcher nach oben. Kneife acht 9,5 cm und sieben 8,5 cm lange Drahtstücke ab. Führe sechs der längeren Drahtstücke durch die ersten sechs Löcher des Daches und füge sie in die entsprechenden Löcher der langen Leiste. Drücke sie dort fest. Stecke das siebte längere Stück Draht vom Dach her durch das erste Loch der kurzen Leiste und befestige es in der Bodenleiste.

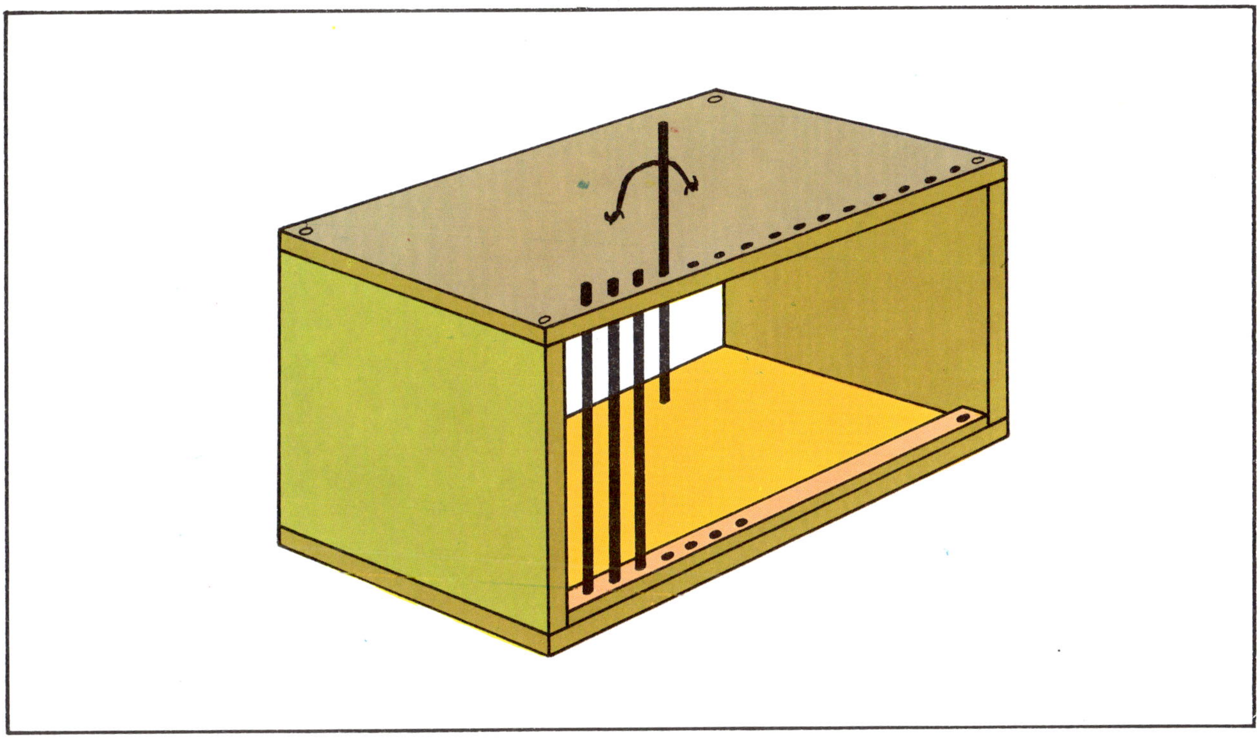

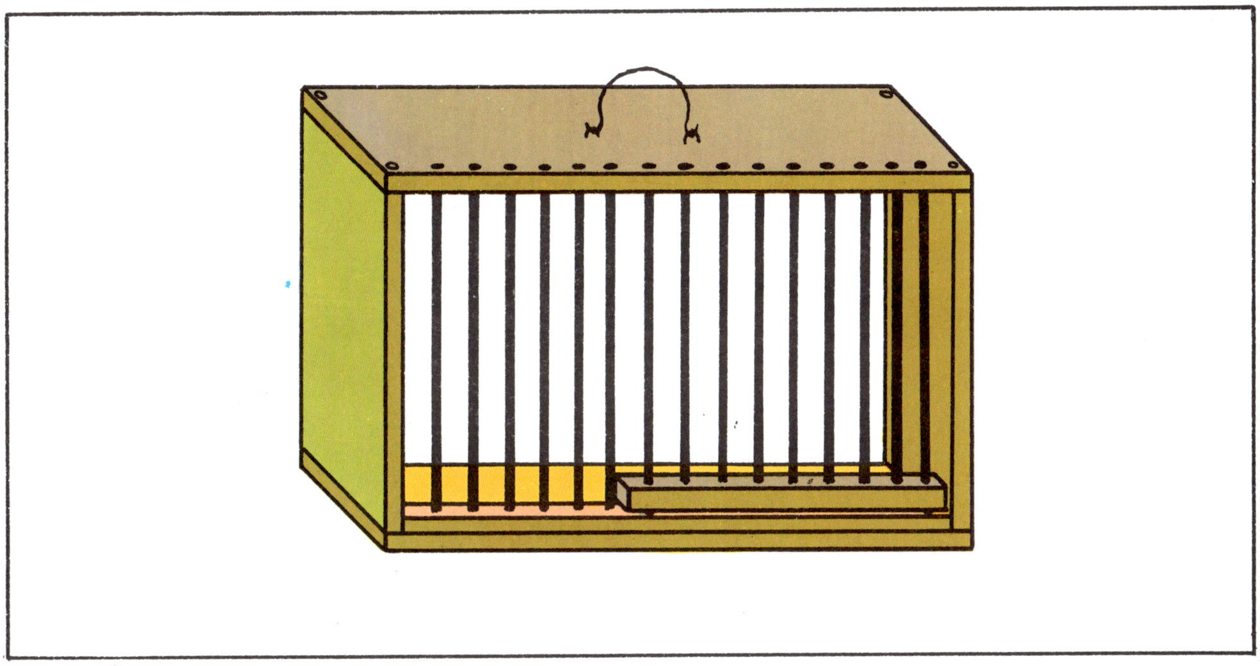

Die sieben kürzeren Stücke Draht werden nun durch die nächsten Dachlöcher in die kurze Leiste gesteckt und fest in die gebohrten Löcher gedrückt. Das letzte Stück Draht reicht wieder vom Dach durch die kurze Leiste hindurch und wird auf der Bodenleiste befestigt. Die kurze Leiste ist mit ihren sechs inneren Stäben die Tür des Käfigs. Da die Stäbe sich durch die Löcher des Daches hoch- und runterschieben lassen, kann man die Tür nach oben öffnen.

Säge aus dem übriggebliebenen Sperrholz ein Rechteck von der Größe 7 x 5 cm aus.
Zeichne auf eine der Flächen einen Vogel und male ihn an.

Klebe den Vogel aufrecht auf den Boden des Käfigs.

Klebe die Rückwand des Käfigs an.

Verziere die Außenwände mit bunten Quadraten. Zeichne dafür Längs- und Querlinien ein, die jeweils einen Abstand von 1 cm haben. Bemale die Seitenwände, wie es auf dem Bild zu sehen ist oder mit anderen Farben. Auf dem Dach wiederholt sich das Motiv in verschiedenen Farben.

MATERIAL:

- Kugeln aus Kunststoff
- Draht
- langer, dünner Nagel
- Farbe

FIGUR MIT KUGELN

Auf eine Kugel zeichne oben und unten ein Dreieck von einem halben Zentimeter Seitenlänge.

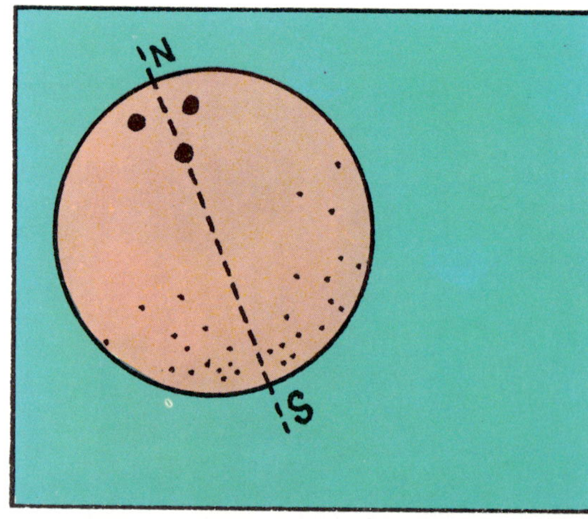

An jedem Eckpunkt bohre einen dünnen Nagel so in die Kugel, daß er an dem Eckpunkt des gegenüberliegenden Dreiecks wieder herauskommt. Bohre so drei Kanäle in die Kugel.

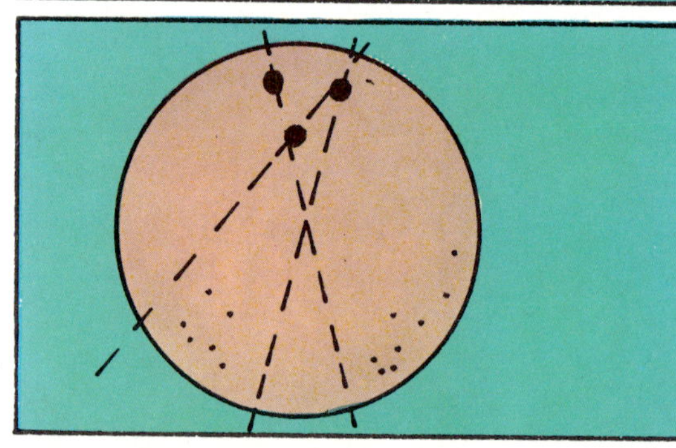

Stecke drei 24 cm lange gerade Drahtstücke durch die vorgebohrten Kanäle.

Stecke die Drähte so durch, daß sie auf der einen Seite einmal 2, einmal 4 und einmal 6 cm herausragen.

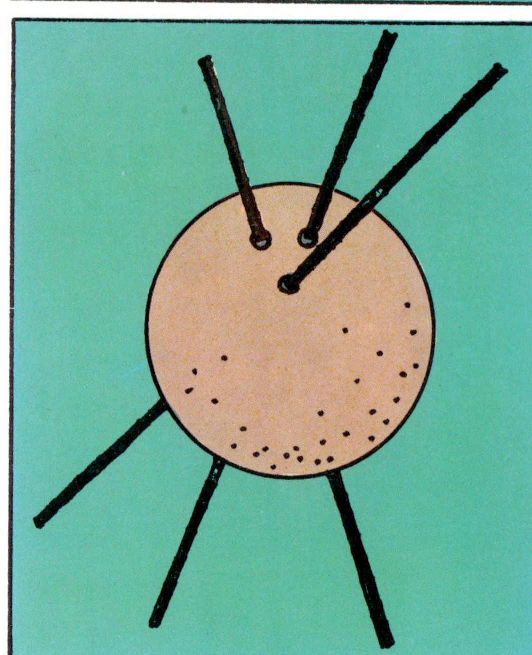

Stecke auf die sechs herausragenden Drahtstücke sechs Kugeln.

Verbinde die einzelnen Kugeln mit Drahtstückchen.

Male die Kugeln in verschiedenen Farben an.

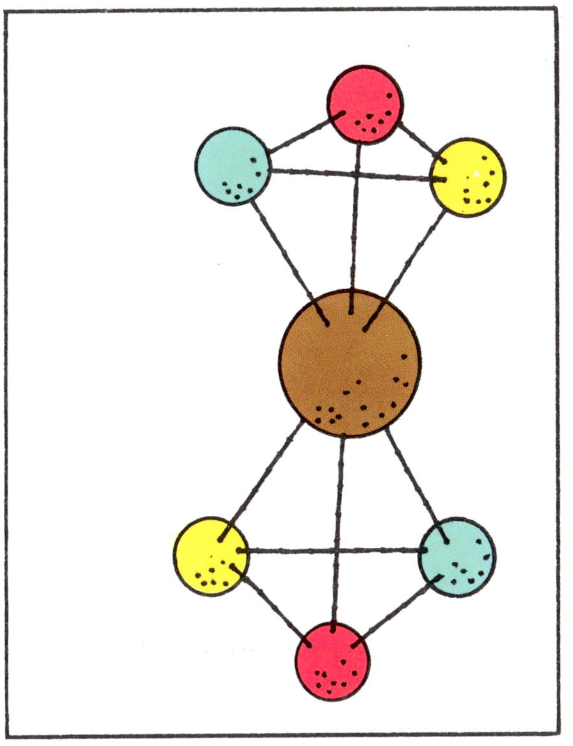

INHALT

Von 4 bis 6 Jahren

Von 6 bis 8 Jahren

Von 8 bis 10 Jahren

Von 10 bis 12 Jahren

Von 12 bis 14 Jahren